Theodor Saretsky, Doktor der Philosophie, ist Analytiker und Professor am Postdoctoral Institute der Adelphi-Universität in New York.
Er hat zwar noch kein Turnier gewonnen, aber stets ein reines Gewissen.

Deutsche Erstausgabe 1987

Titel der Originalausgabe »Sex as a Sublimation for Tennis«

Aus dem Amerikanischen von Walter-Berndt Fischer
Umschlaggestaltung Adolf Bachmann, Reischach
Satz Compusatz, München
Druck und Bindung Ebner Ulm
Printed in Germany 5 4 3 2 1
ISBN 3-426-02184-6

THEODOR SARETSKY

DER SEX UND SEINE BEZIEHUNG ZUM TENNISTRIEB

Geheimes aus der Schublade
SIGMUND FREUDs

Knaur

ISBN 3-426-02184-6 680

»Alle kulturellen Fortschritte, auf die der Mensch so stolz ist, all seine geistigen Wertvorstellungen und dergleichen erscheinen lediglich als Sublimationen fundamentaler Triebe, wobei Sexualität und Tennis die ursprünglichsten sind.«

S.Freud,1923

Inhalt

Vorwort

»Die Wahrheiten, die meine Tennistriebtheorie aufgedeckt hat, sind so bedrohlich, daß sie vielleicht besser für immer unveröffentlicht bleiben...«

S.Freud,1938

Im Frühjahr 1980 ersteigerte ich bei Sotheby's auf einer Sigmund-Freud-Nachlaßversteigerung einen alten, angeschimmelten Schrankkoffer. Zu Hause angekommen, begann ich, den Inhalt sorgfältig prüfend, zu sortieren und war erstaunt, auf die vergilbten, reichlich zerknitterten Seiten eines, wie sich herausstellte, unveröffentlichten Freud-Manuskriptes zu stoßen, unmißverständlich betitelt als *Eine Zusammenfassung von Sigmund Freuds gesammelten Tennisschriften (1938)*. Mit klopfendem Herzen begann ich zu lesen: »Im folgenden will ich mit dem Versuch fortfahren, meine These, daß Sexualität zwar gar nicht so schlecht ist, aber Tennis halt um vieles länger währt, weiter zu erhärten, um zu sehen, wohin mich diese Idee letztendlich führt. Wenn ich das derzeitige geistige Klima und die Richtung psychoanalytischer Gedankenentwicklung berücksichtige, bezweifle ich allerdings, ob je irgend jemand, mit Ausnahme meiner engsten Vertrauten, diese Unterlagen lesen wird. Erst die Zeit wird das zeigen...«
Mit ehrfürchtiger Scheu und ungläubigem Staunen las ich weiter: »Mit Ausnahme einiger weniger vertrauenswürdiger Freunde meines Mittwochszirkels weiß niemand von meiner ständig wachsenden Skepsis gegenüber der Sexualfunktion oder davon, daß meine Veröffentlichungen über die menschliche Sexualität lediglich als Tarnung und Ablenkung dienen, um die Spürhunde von der Fährte meiner Tennistrieblehre abzuhalten. Der großartige primäre Tennistrieb und seine Abwandlungen werden bewirken, daß man die Quelle der Kraft, die die

menschliche Psyche beflügelt, vom verhältnismäßig gutartig-harmlosen Sexualtrieb auf etwas viel Grundlegenderes verlagern wird: nämlich auf die endlose, lebenslängliche Suche nach verfügbaren Hallenplätzen.«

Auf den folgenden Seiten nahm mich Freud in seiner einzigartigen Mischung aus Gründlichkeit und Originalität mit auf eine schwindelerregende Reise durch die unerforschte Wildnis des Unbewußten, das dem Tennistrieb zugrunde liegt. Die überschäumende Intensität seiner Erregung spiegelt sich besonders in der Lebendigkeit seiner frühen Abhandlungen: *Liebe ist kein Ausgangspunkt* (1903), *Tennistraumdeutung* (1905), *Masturbationsfixierungen und die westliche Griffhaltung* (1910) und *Das primitive Tabu des Fußfehlers* (1912).

Die Überzeugungskraft, die aus dieser unglaublichen Anhäufung von Manuskripten, Briefen, Tagebüchern und verblichenen Photographien spricht, alle den Tennistrieb und das ihm zugrunde liegende Unbewußte betreffend, stellen eine geradezu schreckenerregende Herausforderung der Wissenschaft dar. Die Herausgeber dieses Buches haben mich gebeten, das vorliegende Material unter dem Sammeltitel *Sex und seine Beziehung zum Tennistrieb* zusammenzufassen. Den geneigten Leser bitte ich aber, sorgfältig zu unterscheiden zwischen gewagten und dennoch nützlichen Versuchen (z.B. *Die Psychopathologie des gemischten Doppels*, 1923) und eindeutig irrigen Vorstellungen (z.B. *Die Zukunft des heimlichen Aufschlags*, 1938). Die Einblicke sollten immer wieder genauestens auf Doppeldeutigkeiten und innere Widersprüche hin überprüft werden. Wenn Sigmund Freud feststellt, daß »Sex heutzutage kaum mehr wert ist, erwähnt zu werden«, so bedeutet das nicht, daß er uns völlige sexuelle Enthaltsamkeit vorschlägt. Er stellt lediglich ein Faktum fest – Sex ist endgültig passé.

Dem Leser, dem es schwerfällt, das veraltete sexuelle Schema zu vergessen, gibt Freud selbst folgende Einsicht über das traurige Schicksal der Sexualität mit auf den Weg: »Es war eine wunderschöne Theorie, die durch das Zusammentreffen brutaler Fakten dahingestorben ist.«

Theodor Saretsky

vorausgegangen vorgezeichnet ...
durch die starken Beschaffenheit dieses Mon...
...naten von einer gewöhnlichen Methode d...
...der Ratten auf das Gesäß gebunden ...
...hatte, entwickelte ein halbformes Tennis...
...lob, wurde er vor zuerst gelächelt. Und...

entwarf, habe ich noch

diesen „Tennis-Sch...
der Tennisschläger...
Ratten-Verbindung...
einem neuen Ve...
daß mein Patient...
wenn er den Ve...
sei so unrealistisch...
verschwindend z...
mit dem Patien...

...scher

...ib-

...ger

Absurdität dieses Gedankens heraus...
...tionelle Hilfe gesucht. Als sich der...
...nt hatte, löste sich dieser ...
...ste der Patient auf den Tennisch...
...n verschiedene sexuelle Veran...
...sche Form von Perversion könn...
...e. Und um seine morbide Libido

SIGMUND FREUDS GEHEIME LEIDENSCHAFT

Die Entwicklung und Weiterführung der Tennistriebtheorie

Die krankhafte Tennisbegeisterung, der wir uns heute gegenübersehen, wird am besten durch folgende Begebenheit illustriert, die ich einem meiner Therapeutenfreunde verdanke. Die Geschichte begab sich im Januar 1983. Eine Patientin schildert ihrem Analytiker einen Besuch in der Praxis eines Urologen, wohin sie ihren Ehemann begleitet hatte, der eine Vasektomie/Sterilisation in Erwägung zog. Die Frau war im Wartezimmer geblieben und überlegte, während sie ruhig dasaß, wie sie durch Liebe und Verständnis ihrem Ehemann helfen würde, seine Kastrationsangst zu überwinden. Durch die verschlossene Türe des Behandlungszimmers konnte sie die sanft-ermutigende Stimme des Arztes hören, aus der Jahre von Erfahrung sprachen, die im Umgang mit den typischen sexuellen Unsicherheiten von Männern, die sich einer solchen Operation unterziehen, nötig sind. Beschützende mütterliche Gefühle beschlichen die Frau, als sie sich ihren Mann vorstellte, gepeinigt von Überlegungen, wie lange sie wohl warten müßten, bis sie wieder Geschlechtsverkehr haben könnten, ob seine Erektionsfähigkeit beeinträchtigt werde oder Schwierigkeiten bei der Ejakulation auftreten könnten...
Plötzlich öffnete sich die Tür, und der Ehemann kam heraus, aschfahl, mit entsetztem Gesichtsausdruck. Fürsorglich trat die Frau auf ihn zu, nahm seinen Arm und führte ihn zum Auto, um ihn in dieser privateren Atmosphäre besser aushorchen und gleichzeitig trösten zu können.
»Worüber habt ihr denn so lange gesprochen, mein Schatz?« fragte sie. »Du warst ja über eine halbe Stunde drin.«
Ihr Mann blickte düster. »Zuerst hat mir der Doktor all die Dinge aufgezählt, die schiefgehen können. Du weißt schon, wie Anschwellen, Infektion, und daß die Angelegenheit nicht mehr rückgängig zu machen ist. Ich habe ihm versichert, daß mich solche Belanglosigkeiten nicht beunruhigen. Alles, was ich wissen wollte, war, wie lange es dauert, bis ich wieder Tennis spielen kann. Als er meinte, daß das einige Wochen brauchen werde und ich nichts übertreiben solle, habe ich ihm erklärt: ›Ja um Gottes willen, wie soll ich das denn aushalten. Ich kann doch nicht so lange warten!‹

An dieser Stelle fragte seine Frau verwirrt: »Aber hast du ihm denn nichts über unser Sexualleben gesagt?«
»Daran habe ich überhaupt noch nicht einmal gedacht«, antwortete der Ehemann. »Das einzige, was mich interessierte, war, wie um alles auf der Welt ich meinen Urlaub ohne Tennis durchstehen soll.«
Mein Freund, der Therapheut, diagnostizierte hier ohne Schwierigkeiten die typisch familiäre Symptomsituation der Tenniskrankheit, dieser heimtückischen Seuche, die in immer erschreckenderem Umfange völkerweit wütet. Völlig normale, gesunde Männer und Frauen verleugnen ihre Sexualtriebe zugunsten der Triebansprüche, die der Tennissport diktiert, so daß Sex als Sport und Zeitvertreib ernsthaft vom Aussterben bedroht ist.

Eine Zeitbombe bedroht die westliche Zivilisation

Zu guter Letzt scheint es, daß Freud doch recht hatte.* Die Zeitbombe, die er so kühn in *Das Ende des Killerinstinkts* (1908) vorhergesagt hat, ist endlich explodiert. Seine Erkenntnis der möglicherweise vernichtenden Wirkung, die es haben kann, wenn man die fundamentale, triebhafte Natur des Menschen dadurch zügeln will, daß man über den Kopf geschlagene Schmetterbälle am Netz ächtet, hat sich als geradezu erschütternd prophetisch erwiesen, und seine Einsicht, daß »wir alle im selben Umkeideraum als nichtsahnende Opfer der Tennisneurose beisammensitzen«, hat sich häuslich bei uns eingenistet.

Sex hat in seiner historischen Funktion als Opium für das Volk ausgedient. Die Mongolenhorden des zügellosen Tennistriebes haben endgültig die bläßlich-zivilisierten Schranken der Sexualunterdrückung eingerissen. Mit der Einführung von Hallenplätzen und Flutlichtanlagen ist Tennis, anders als Sex, noch nicht einmal mehr saisonabhängig. Ein Buch über Enthaltsamkeit hat die Bestsellerliste erreicht, und nächtliche Tennispartys an Wochenenden haben die sexuelle Lockerheit, die Kraft und Entspannung durch reiches Auswahlangebot versprach, ersetzt. Der »Sweetspot« des Tennisschlägers ist bei weitem wichtiger als der »G- Punkt« bei der Frau, und Bücher wie »The Joy of Sex« werden von einem Buch wie »Das innere

* Die von Freud gegebenen Anregungen haben in den derzeit gebräuchlichen Behandlungsmethoden neue Nahrung gefunden. Arthur Janov z.B., der Begründer der beliebten Therapie, die als Tennisurschreimethode bezeichnet wird, dankt Freud für die Eingebung des fundamentalen und vom Erfolg her durchschlagendsten Schreis: »Aus!« Ähnlich reagiert Albert Ellis, der sein ganzes Leben der wissenschaftlichen Erforschung der Sexualität geweiht hat, wenn er jetzt öffentlich eingesteht, daß die Tennisenthaltsamkeit bei weitem das Schlimmste sei (»Holzschläger und Alter«, 1977).

Leben des Tennisballs« beiseite gefegt, das sich zum anregendsten Gesprächsthema in der Arena des Smalltalk entwickelt hat.

Es ist heute keine Frage mehr, daß es sich bei Tennis um einen Urtrieb handelt. Man hat erkannt, daß hier ein ernsthaftes Bedürfnis vorliegt, das sich in sozial isolierenden, masturbationsähnlichen Praktiken wie in der neuerdings üblichen Manie, auf den Ball loszudreschen, die man als »Nur-drauf-Verhalten« bezeichnet, oder auch in stärker sozial geprägten Formen der Interaktion äußern kann. Als Freud feststellte, daß Sex lediglich das Überbleibsel einer bestimmten Stammesneurose bedeute, hat man ihn zu wörtlich genommen; er wollte die Sache lediglich durch eine Übertreibung herausstreichen.* Er plädierte für Ausgeglichenheit in unserem Leben. Aber wir haben zu lange gewartet. Die Waagschale hat sich in die entgegengesetzte Richtung geneigt. Die namenlosen, drohenden Kräfte der Tennisraserei beleuchten den fundamentalen Antagonismus zwischen Triebinstinkt und Zivilisation in weit stärkerer Weise, als es der Sex je konnte. Die meisten Forscher stimmen darin überein, daß die Einführung von Hallenplätzen, die von Modeschöpfern entworfene Bekleidungsausrüstung sowie die immer größeren Schläger ganz deutlich mit der niedrigen Geburtenrate zusammenhängen, also ernsthaft den Bestand des Familienzusammenhaltes, so wie wir ihn kennen, bedrohen. Hinzu kommt noch, daß auch die angenehmeren Seiten der sogenannten feuchten Träume durch den ansteigenden Gebrauch von Schweißbändern am Handgelenk in Mitleidenschaft gezogen sind.

Während sich die Philosophen in endlosen Debatten verlieren und die Psychoanalytiker wie gelähmt in ihrer Zwiespältigkeit verharren, brechen rund um uns herum die überkommenen

*Siehe *Sexualität als Sackgasse* (1902). Hier arbeitet Freud die These heraus, daß Frauen, statt Sex zu machen, lieber einkaufen, während Männer Tennis bevorzugen. 1907 geht Freud in seiner Abhandlung *Der autoerotische Aspekt bei Einzelspielen* so weit zu behaupten, daß Tennis auch bei heruntergelassenem Netz genossen werden kann.

Werte zusammen. Die überschäumenden Wellen triebhafter Kräfte, die durch den jüngst entdeckten Bedeutungscharakter des Tennis geweckt wurden, fahren fort, in das öffentliche Bewußtsein einzufließen. Eine fürchterliche Ahnung, gepaart mit entsetzlichem Verstehen, greift um sich, weil die furchterfüllten Massen allmählich zu begreifen beginnen, was sie schon immer vermutet hatten, aber nie zuzugeben wagten: Sex ist keine natürliche Betätigung. Man kann es auch nicht als Perversion bezeichnen; weit schlimmer, es ist mittlerweile wissenschaftlich bewiesen, daß Sexualität nichts weiter ist als eine nervöse Angewohnheit, bestenfalls eine Zwangshandlung. Wie Freud unter Hinweis auf das vermehrte Erscheinen von Sexualhandbüchern schon zu seiner Zeit beobachtete, beurteilt er die Angelegenheit wohl richtig wie folgt: »Wenn man so dicke, detaillierte Wälzer schreiben muß, nur um zu erklären, was man im Schlafzimmer anstellen soll, dann ist Sex mehr oder weniger so etwas ähnliches wie ein Hobby, so eine Art Freizeitbeschäftigung wie das Basteln von Bücherregalen.« (1911)
Gänzlich neue Arten von Neurosen und Psychosen werden in allen Schichten der Bevölkerung sichtbar: die Sonntagsdepression, die sich allein aus der Tatsache ergibt, das Wochenende ohne Spiel verbringen zu müssen, der akute Tennisinterruptus, ständig in Gang gehalten durch die quälende Sorge, daß es mitten in einem Satz klingeln könnte, oder die sogenannte Tennisnarapoia, eine intensive Regressionsform der Abwehr gegen Paranoia, die sich in dem quälenden Verdacht manifestiert, daß die eigenen Spielgegner richtige Linienangaben machen, und nicht zuletzt das Tennistrauersyndrom, eine Schockreaktion auf die Feststellung, den Partner an die Tennissucht und deren verheerende Folgen verloren zu haben.
Hinzu kommt, daß die gleichen neurotischen Symptome, denen sich der Patient, der psychiatrische Hilfe sucht, gegenübersieht, auch bei den Therapeuten zu finden sind. Wie soll jemand denn auch aufrichtig in der Lage sein, einen pathologischen Tennistrieb zu therapieren, wenn er heimlich selbst dem Tennissport eine gefährliche Priorität im eigenen Leben einräumt? Fast alle Therapeuten geben einmütig zu, daß sie Qualen der

Eifersucht verbergen müssen, wenn sie versuchen, nüchtern einem Patienten zu erklären, daß dieser intime Beziehungen vermeidet und gegenüber Beruf und Familie unverantwortlich handelt, wenn er in Sonntagvormittagsligen spielt oder an sogenannten Vogelzwitscher-/Frühvögelspezialteams (an Werktagen 7 – 9.30 Uhr morgens) teilnimmt. Da stehen sie und appellieren an des Patienten Gefühle für Gerechtigkeit, erwachsene Reife und bemühen sein gutes Gewissen, während sie selbst, bei schönem Wetter in stickigen Praxisräumen sitzend, sich auf den Tennisplatz hinausträumen und fühlen, wie ihr Leben dahinrinnt. Zum ersten Male in der Geschichte der Psychoanalyse scheint die Krankheit bei weitem angenehmer zu sein als die Heilung. Das befriedigende Vergnügen, über Schläger und Saitenbespannung (und den prophylaktischen Gebrauch des Tennishandschuhs) zu diskutieren, sowie die eigenen Gegner und Partner schlechtzumachen und sich über die Bewegungsabläufe der Erregung beim gemischten Doppel zu beklagen, ist mit dem wirklichen Leben sicher enger verknüpft als der müdfade Austausch über eheliche Probleme oder sexuelle Disfunktionen.

Ohne Frage befinden wir uns schon voll in den Klauen der Tennissucht, die die eigentlichen Werte unserer westlichen Zivilisation vernichtet. Vielleicht haben wir, wenn es uns gelingt, uns von den ungesunden Bedingungen, die uns umgeben, zu befreien, noch eine Chance, in deutlicher Erkenntnis die rücksichtslose, unerbittliche Natur des Tennistriebes als eine der Gegebenheiten des Lebens zu akzeptieren. Dazu sollten wir in der Zeit zurückgehen, um aus der fortschreitenden Entwicklung des Ursprünglichen (sprich Tennistrieb) in der Form des Freudschen Konzeptes zumindest eine historische Perspektive zu gewinnen.

War Freud geisteskrank?

Sigmund Freud war als Persönlichkeit ebenso komplex-vielschichtig und menschlich wie alle anderen auch. Aber die sattsam bekannten Umstände seines Lebens, zahlreich belegt durch die mannigfaltigen Details einer bedeutenden Korrespondenz, legen nahe, daß jene, die in seinen Theorien eine versteckte persönliche Sexualität wittern oder ihm ein schmutzig-finsteres, verheimlichtes Tennisleben zuschreiben, ein Schaf mit einem Wolfspelz ausstatten. Die intimsten Einblicke in Freuds Geisteszustand und Seelenleben gestatten die drei folgenden Briefe, die in den ereignisreichen Jahren zwischen 1901 und 1903 geschrieben wurden.

17. Juli 1901

Lieber Dr. Jones!*
Ich schreibe an Sie als einen vertrauten Freund des Herrn Professor. Offen gestanden, mache ich mir Sorgen um ihn. Er wirkt in der letzten Zeit oft so drängend-hartnäckig und gleichzeitig so ängstlich. Ein eigenartiger Ausdruck, gleichsam aus einer anderen Welt, zieht über sein Gesicht, wenn er von Tennis spricht. Dabei ist Dr. Freud ansonsten so

*Ernest Jones ist heutzutage bestens für seine gelehrtenhafte Freud-Biographie bekannt. In früheren Tagen seiner Karriere war sein Ansehen etwas anders begründet, nachdem er von England nach Kanada in einem Sturm von Meinungsstreitigkeiten über seine zweifelhaften Methoden, kleine Kinder zu behandeln, geflohen war. 1928 wurde er aus Kanada ausgewiesen, weil er auf dem nordamerikanischen Kontinent das Spiel des sogenannten Kanadischen Doppels eingeführt hatte, eine Tennisverballhornung, in der zwei gegen einen spielen. Die kanadischen Behörden durchschauten diesen nur spärlich kaschierten Versuch, unschuldige Opfer in das Netz der als »ménage à trois« sattsam bekannten kontinentaleuropäischen Krankheit zu treiben, und Dr. Jones wurde angewiesen, sich bis zur nächsten Schiffspassage zusammenzunehmen, anderenfalls er mit Gefängnis bedroht war.

skrupelhaft bedachtsam und streng wissenschaftlich in seinen Formulierungen. Seine Gefühle hinsichtlich des vorerwähnten Themas und der daraus resultierenden Zusammenhänge sind in jeder Hinsicht so heftig und überwältigend, daß er zeitweilig beinahe wie ein Neubekehrter wirkt. Wenn da nicht seine geistige Größe und die Großartigkeit seiner früheren Werke zu berücksichtigen wären, würde ich mir über seine emotionale Stabilität Gedanken machen. All das habe ich in abwartender Haltung geduldig ertragen, bis mir Dr. Freud letzte Woche plötzlich zuflüsterte, daß ich ihn »am Sonntagmorgen um 7.30 Uhr auf dem Tennisplatz treffen sollte, ohne es jemandem zu erzählen«. Ich warte auf Ihre Antwort, wie ich das interpretieren darf.

M. Chasen

12. September 1901

Dr. Pfister!*

Der Begriff Zivilisation beschreibt die Gesamtsumme der Errungenschaften und Vorschriften, die unser Leben von dem unserer tierischen Vorfahren unterscheidet. Pflicht, Sauberkeit und Ordnung nehmen eine besondere Position unter den zivilisatorischen Erfordernissen ein. Keine anderen Eigenschaften scheinen besser geeignet zu sein, Kultur und Verfeinerung zu charakterisieren, als das Streben des Menschen nach höheren geistigen Werten, verbunden mit dem Ansporn, seine intellektuellen, wissenschaftlichen und künstlerischen Fähigkeiten zu entwickeln. Dabei zeigt sich die führende Rolle, die Ideen im menschlichen Leben zugeschrieben wird. Wie kommt es dann, daß mein Gemüt durch so etwas Urgewaltiges wie diese Tenniskrankheit in Wallung geraten ist? Ich kann nicht mehr schlafen, habe den Appetit verloren und das Interesse an meiner Arbeit. Ich bin gerade-

* Oskar Pfister, ein seelsorgerlicher Berater, wurde zum frühen Verfechter der Tennistrieblehre. Vor allem bekannt ist er für sein inspirierendes Erbauungsbuch *Gott ist mein Partner im Doppel.*

Ein Photo von Freud im Mittelfeld, dabei, den Gegenschlag vorzubereiten, von dem es heißt, daß er der stärkste Schlag in seinem Repertoire war. (Man beachte die fanatische Entschlossenheit seines Gesichtsausdruckes in Verbindung mit dieser geradezu schadenfroh-hämischen Überlegenheit.) Die meisten Fachleute stimmen darin überein, daß Freud, wenn ihn nicht seine anderen Interessen so beansprucht hätten, alle Voraussetzungen für einen hoch einzuschätzenden Mittelklassespieler mitgebracht hätte.

zu besessen, Mittel und Wege zu finden, um Martha und Anna zu entkommen, damit ich wie jeder andere auch auf dem Tennisplatz herumtoben kann. Meine Patienten halten mich in Atem, und ich muß ihnen meiner Reputation als Arzt gemäß gerecht werden. Meine Familie zwingt mich, ständig die Möbel in der Praxis hin- und herzurücken, weil sie sich nicht entscheiden können, wo meine Couch stehen und wo ich sitzen soll, und ich habe kaum Zeit für mich selbst. Hinzu kommt, daß ich endlich an die Wurzeln des Konflikts zwischen meinem Ehrgeiz und meiner urethralen Erotik (dem Wunsch, in das Schlafzimmer meiner Eltern zu urinieren, und dem, Martha zu sagen, sie soll mich in Ruhe lassen) vorgestoßen bin.* Es hat etwas damit zu tun, daß mein Vater nie mit mir, so wie alle andere Jungens es bei ihren Vätern dürfen, Huckepack spielte.

Stets der Ihre, Sigmund Freud

7. August 1903

Mein bester Pfister!

Wie Sie gut wissen, kann ich mir ein Leben ohne Arbeit nicht einmal in Gedanken vergnüglich vorstellen, und bis neulich haben mir andere Dinge auch kaum irgendeine Annehmlichkeit geboten. Jetzt aber beobachte ich mit einer großen Portion Überraschung und Neid meine Patienten und viele meiner Kollegen, die fähig zu sein scheinen, ihre normalen Aktivitäten ohne Schwierigkeiten zu bewältigen und dennoch endlose Stunden, schwitzend und rennend, auf Tennisplätzen verbringen. Dabei verblüfft mich ihr völliges Fehlen von Schuldgefühlen.

Normalerweise arbeite ich, wenn ich selbst an solchen weltlichen Vergnügungen nicht teilhaben kann, problemlos eine Theorie aus, in der ich darlege, warum Personen, die ihren Neigungen nachgeben, neurotisch sind. Diesmal, aus welchen Gründen auch immer, sind meine Abwehrkräfte

* In einer posthumen Veröffentlichung mit dem Titel *Überlaß das Sigmund* (1947) beschreibt Pfister Freuds geniale Fähigkeit, schlechte Angewohnheiten (wie z.B. Bettnässen, urethrale Erotik) in sozial nützliche Konzepte umzuwandeln. Auf diese Weise entwickelte Freud auch den berühmten Test, unbesehen, nur nach dem »gesunden Menschenverstand«, einen geeigneten Partner fürs Doppel zu finden: »Geh auf die Herrentoilette im Klub«, rät er, »und nimm den mit dem gleichmäßigsten und kräftigsten Strahl. Das ist weit besser als einfach den erstbesten zu nehmen.«

gegen den Tennistrieb jedoch am Zusammenbrechen.* Da ich mich selbst gründlich analysiert habe, bin ich gezwungen, mir einzugestehen, daß jede Absicht, mir die Freude am Tennisspiel zu vergällen, aus reinem Haß und Eifersucht resultiert. So gut und lieb sie sind, wünschte ich mir doch, Martha und Anna mit all ihrer Ernsthaftigkeit und ihrem praktischen Denken verlassen zu können. Zwar sagt mir mein Gefühl, daß ich in Tennisshorts keine sonderliche Figur abgeben werde, und es hindert mich außerdem meine abergläubische Furcht, weiße Linien zu überqueren, aber die sinnlichen Genüsse, die die Teilnehmer dieser Sportart erfahren, haben tief in meinen Inneren einen Widerhall hervorgerufen. Ich bin versucht, diese sich abzeichnende Tendenz mit meinen früheren Theorien über selbstzerstörerische und kannibalistische Triebe zu vereinigen, aber das ist nun mal das Schöne am Sport, daß er sich so einfachen neurotischen Lösungen entzieht.

Der Ihre, Sigmund

*Freuds Eintragung in sein persönliches Tagebuch für diesen Tag beschreibt den vorangegangenen nächtlichen Traum, in dem er als einziges das Schild »Das Betreten des Rasens ist verboten« gesehen hatte. Er interpretierte dies als ausdrückliches Tennisverbot, mächtiger als die Zehn Gebote und zwingender als das Inzesttabu. Später kommentierte er es in folgender komischer Weise für A. Romer: »Wie sonst können wir die Unbeliebtheit von Rasenplätzen erklären?«

Durch die Analyse seiner eigenen Tennisträumereien entdeckte Freud, daß umfassendes Nachforschen ausnahmslos eine Verbindung der Träume mit besonders signifikanten Kindheitserlebnissen ergab. Gleichzeitig ahnte er, daß Tennis langsam dabei war, die Sexualität als sein bevorzugtes, innergeistiges Heimkino abzulösen. Dieses außergewöhnliche psychische Ereignis begann sein Interesse in solchem Umfange zu fesseln, daß »konzentrierte Aufmerksamkeit auf solch eminent wichtige theoretische Arbeiten wie die Funktion der Sexdrüsen in Aalen nicht mehr möglich war... Ideen tauchen auf und verschwinden wieder; alles wird zweifelhaft.« Am 12. Juli 1897 schrieb Freud seinem guten Freund Fließ: »Ich fühle mich eingesponnen wie in einen Kokon. Wer weiß, was für ein Geschöpf herausschlüpfen wird? Während des Tages kamen alle Arten flüchtiger Gedanken, aber jetzt sind sie verschwunden. Ich muß auf die nächste Gelegenheit warten, die sie mir zurückbringen wird.« Später, am 4. September 1897: »Ich bin durch eine Art neurotischer Erfahrung mit eigenartigen Geisteszuständen hindurchgegangen, fühlte mich nicht mehr klar bei Bewußtsein, voll von trüben Gedanken und kaum verhüllten Zweifeln, nur hin und wieder ein Lichtstrahl.«*
Ein weiteres maßgebliches Ereignis fand am 21. November 1897 statt. In einem Brief an Loretta Norelsky, die einzige Frau des Mittwochszirkels, beschreibt Freud den Traum, der als »Ursprünglicher Tennistraum« bekannt geworden ist. »Tag-

* Wilhelm Fließ war Freuds engster Freund und Vertrauter in den Pionierzeiten 1894 bis 1905. Im Jahre 1902 publizierte Fließ seine klassische Abhandlung *Über die ursächliche Verbindung zwischen der Nase und dem Sexualorgan*, in der er behauptete, eine schmerzhafte oder unregelmäßige Menstruation hänge ursächlich mit der Masturbation zusammen (»In solchen Fällen ist die Entfernung der Nase die einzige bekannte Heilungsmöglichkeit«). Für eine ganze Zeit hielt Freud die geradezu unglaubliche Vorstellung aufrecht, daß der überzeugungskräftige Scharlatan Fließ wirklich eine bis dahin nicht erkannte Wahrheit entdeckt habe. Dann aber stellte er fest, daß sich der Geisteszustand von Fließ verschlechtert hatte und dieser Mann einen gefährlichen Einfluß bedeutete. Der Tropfen, der das Faß zum Überlaufen brachte, war die Abhandlung *Die Verderbtheit im Sellerie*, die Fließ 1904 veröffentlichte.

träumend sah ich einen kleinen Jungen an der Seitenbegrenzung eines Tennisfeldes stehen, auf dem weiße, geisterhafte Phantasiegestalten tanzten. Ich hatte mich gerade in dem Kind erkannt, damit beschäftigt, meinen Eltern beim Tennisspiel zuzusehen, als mich plötzlich ein entsetzlicher Schrecken davor befiel, die Spiellinie zu überschreiten. Dieses bestürzende Erlebnis ließ mich schreiend erwachen, und ich wußte sofort, daß ich über eine gewaltige Entdeckung gestolpert war.«

An diesem Punkt angelangt, unternahm Freud den entscheidenden Schritt, der sein Leben für immer ändern sollte. In radikaler Abweichung von seiner klassischen Sicht der frühkindlichen Sexualität als ursächlicher Triebfeder menschlicher Befindlichkeit prägte er den Ausspruch: »Die dem Tennis innewohnenden Wahrheiten finden sich überall; in ihnen liegt das Wesen des Seins.«* Wundervolle, schöpferische Ideen bevölkerten sein Bewußtsein: die unterdrückten inzestuösen Konflikte, verknüpft mit dem Netzspiel, daneben die Ödipusprobleme, die zu Doppelfehlern führen, oder die enge Verbindung zwischen homosexueller Scham und einer schwachen Rückhand sowie die schleichende Phantasie einer leeren Tennisdose. Vertrauenswürdige Kollegen boten weitere Beweismittel zur Untermauerung der großartigen Wahrheit des Tennisunterbewußtseins an. L. Katz wies in seiner Abhandlung *Bisexualität und gemischte Doppel* schlüssig nach, daß das schwerwiegendste Problem im Bereich dieser Perversion nicht eines der sozialen Anpassung ist, sondern die Entscheidung, in welchem Team man spielen soll. Als er bei einer späteren Revision dieses überzeugenden Konzepts die entsprechenden Vorteile von Homosexualität und gemischtem Doppel gegen-

*Einer Ausschreitung allerdings hat Freud selbst Einhalt geboten. 1922 schwappte durch Österreich eine Welle nekrophilen Interesses für Tennis-einäscherungen. Aufgeschreckt durch Hunderte von Anfragen, gestellt von Tennismelancholikern, deren Verlangen dahin ging, ihre Asche auf Tennisplätzen ausstreuen zu lassen, schob die österreichische Regierung diesen Praktiken mit Freuds Unterstützung einen Riegel vor mit der Begründung, daß die Platzböden dadurch klumpig würden und somit den Ballaufprall beeinträchtigten.

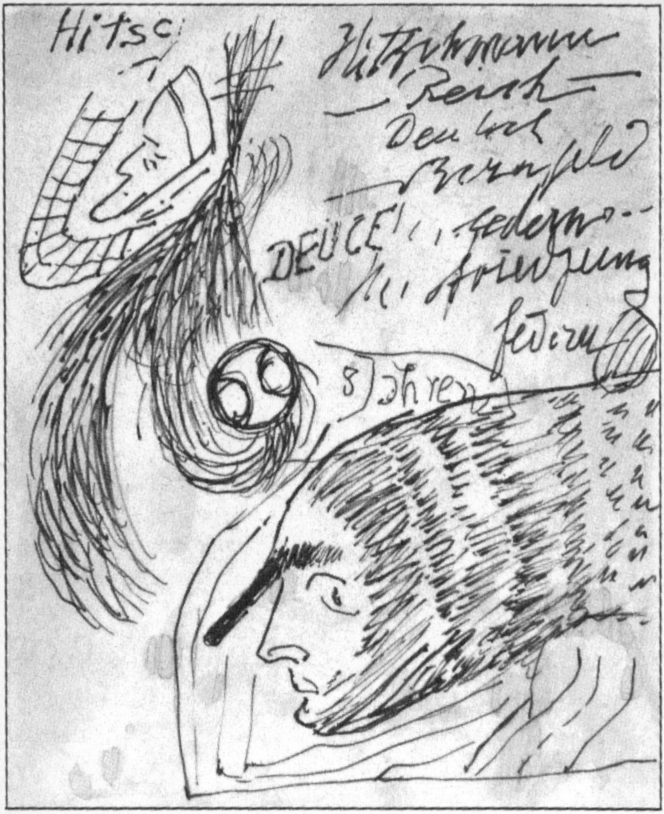

Freuds Wiedergabe von der Geburt der Tennistrieblehre: »Sie erschien mir rundum ausgereift in einem Traum«, erinnert sich Freud in »Tennistraumdeutung« (1905). »Ich sah einen Mann, der von einem gewaltigen Wirbelwind mitgerissen wurde. Geheimnisvolle Kräfte schienen von ihm auszugehen, als plötzlich ein eigenartiges Gebilde aus seiner Stirn hervorwuchs. Ich konnte erst nicht feststellen, was es eigentlich war. Dann sah ich das Wort Schlagds. *Wieder und wieder sprach ich mir dieses unbekannte Wort vor, bis es mir plötzlich wie Schuppen von den Augen fiel: ›*Schlagds *den Ball!‹ Urplötzlich erkannte ich das seltsame Gebilde, das aus der Stirn herausragte, als den Griff eines Tennisschlägers. Diese Hinweise waren zu augenfällig, um sie beiseite schieben zu können. So begab sich meine schicksalhafte Einführung…«*

Diese Graphik von J. Fishman hatte Freud persönlich in Auftrag gegeben, um die grauenhaften Frustrationen eines Kindes zu zeigen, das noch nicht spielen darf, aber alt genug ist, um zu träumen und neugierig zu sein.

einander abwog, beherzigte Katz den weisen Rat Freuds (»Gemischte Doppel bringen Ärger«) und entschied sich endgültig für die Homosexualität. W. Wilner, ein unorthodoxer, linkshändiger Psychoanalytiker, kam zu der bestürzenden Schlußfolgerung, daß Tennis, rückwärts gelesen, die englische Bezeichnung »sin-net« ergibt, was soviel wie »Netz der Sünde« bedeutet; Freud, dem er seine überraschende Entdeckung mitteilte, war wie vom Schlag gerührt durch diese wissenschaftliche Bestätigung der dunklen, mystischen Kräfte, die tief begraben in der menschlichen Psyche wirken.

Dennoch beschloß Freud, eingedenk der Sturzflut von Beschimpfungen, die seine relativ harmlosen Sexualhypothesen über Inzest, Kastrationsangst und dergleichen entfessselt hatten, abzuwarten, bis die Zeit reif genug war, mit seinen Thesen an die Öffentlichkeit zu treten. In den frühen Tagen der Tennisanalyse stützte er sich in zunehmendem Maße auf die Vertrauten seines Mittwochszirkels, die ihm moralischen Beistand gaben und den exzentrischen Abwegen seiner Tennistheorien zusätzliche Verfeinerungen hinzufügen konnten. Aber selbst hier, im inneren Heiligtum zwischen seinen Schülern, war die gegenseitige Befruchtung schwierig. Es gab mannigfaltige Gerüchte und versteckte Andeutungen, daß Freuds geheime Schriften und seine bahnbrechende Tennisverführungstheorie groteske Auswüchse seiner Vorstellungskraft seien und Beweis für einen großartigen Geist, der sich ins Gegenteil verkehrt hat. Als schließlich sogar seine standhaftesten Gefährten durch die Behauptung, es sei für Kleinkinder traumatisch und wirke übererregend, wenn diese ihren Eltern beim Tennis zusehen, in ihrem Vertrauen wankend wurden, sah Freud sich zu einem Dementi veranlaßt und bestritt, die Aussage ernst gemeint zu haben.

Die Botschaft, die Freud mit der Welt zu teilen sich sehnte, beinhaltete seine Erkenntnis, daß tiefinnerst dem Bildungserbe des Menschen der westlichen Zivilisation ein primitives Verlangen nach reiner, unbefleckter Befriedigung zugrunde liege, die sich in der weißen Tennisbekleidung, dem wärmenden Sonnenschein und der weichen Erde unter den Füßen symbolisiere.

(Für Hallen- und Hartplätze hielt er entsprechend andere Erklärungen bereit.) Sehnsüchtig-sinnlose Erinnerungen an eine glückliche, unbeschwerte Kindheit bilden den Mechanismus, der den Menschen, eine Kreatur mit einfachen Bedürfnissen und dem Verlangen nach fundamentalen Belohnungen, lenkt: »Alles, wonach er sucht, ist ein Platz, an dem er sich ungestört an sich selbst freuen kann. Wenn seine Frau dann auch noch ständig beschäftigt ist, so daß er nach voller Herzenslust und ohne Schuldgefühle Tennis spielen kann, dann ist das der Gipfelpunkt einer glücklichen Ehe! Wenn jemand seine Libido voll auf den Ball fixieren kann, ohne durch Verantwortlichkeiten gegenüber seiner Umwelt und ihren Anforderungen gestört und belastet zu werden, ist dies als höchstes Ziel eines gesunden Lebens anzusehen – als gänzliches Einbezogensein in das Hier und Jetzt.« Freud sah in dieser Interpretation der eigentlichen Natur des Menschen den direkten Weg zum Unterbewußtsein und ein sicheres Fundament für die Zukunft der Psychoanalyse. Die endgültige Bestimmung des Tennisplatzes als geeignete Arena für die wissenschaftliche Erforschung der menschlichen Existenz erwies sich als Wendepunkt in der Gestaltung des psychoanalytischen Lehrgebäudes (*Das herannahende Nirwana: Zwei Stunden Tennis und eine gute Zigarre*, 1908).
Freud entschloß sich in immer weiterem Umfange, die schwer zu handhabenden Begriffsbestimmungen und die abstrakte Metasprache der Psychoanalyse aufzugeben, und verlegte sich weitgehend auf Interpretationen absonderlichen Verhaltens auf dem Tennisplatz. Somit stellt sein revolutionierendes Konzept des Tennisinterruptus, das die Gedankenarbeit eines ganzen Lebens kulminierend widerspiegelt, fest, daß Neurosen aus einer Hemmung resultieren, die einen Energierückstau verursacht: »Wenn jemand, der okkupiert ist von seiner Arbeit, aufgerieben durch Familienverpflichtungen oder ausgelaugt durch ausgedehnte Sexualaktivitäten, so weit kommt, nicht mehr zufriedenstellend Tennis spielen zu können, so kann das nicht gutgehen. Die daraus entstehende Spannung wird unterhalb der Großhirnrinde in Angst verwandelt.«
Vor sich die Aussicht auf Lächerlichkeit und konfrontiert mit

Eine riesige Scheune in Bad Homburg, etwa 210 km südöstlich von Wien gelegen, beherbergt die oben gezeigte Tennisanlage. 1973 wurde sie von den österreichischen Behörden, die die Möglichkeit einer Ausgestaltung zur Touristenattraktion erkannten, als Österreichisches Nationalmuseum für Tennisneurosen eröffnet. (Man biegt nach Mecklenburg links ab, fährt zirka 10 km in Richtung Schwevian, wendet sich dann nach rechts und folgt der Straße zirka 5 km bis Heiligendamm.)

Die Abbildung zeigt das Schloß Belle Vue, eine geschlossene Anstalt für unheilbar Tenniskranke außerhalb von Wien (1897). Dadurch, daß er von Anfang an mit hoffnungslosen Fällen erblicher Tennisdegeneration gearbeitet hatte, war Freud schon früh mit den großen Geheimnissen des Tennisunterbewußtseins vertraut geworden (»Man muß verstehen, daß der Tenniskranke dieselben fundamentalen Bedürfnisse hat wie alle anderen Menschen auch; er übertreibt nur.«)

Sigmund Freuds Psychoanalytisches Tennisinstitut. Im Jahre 1906 war es Freud endgültig leid, sich weiter den banalen viktorianischen Hysterien, wie sie beim Großteil seines Wiener Patientenstammes vorkamen, abzugeben. Zusammen mit einigen vertrauten Kollegen eröffnete er die im verborgenen arbeitende Klinik, die sich ganz dem Studium und der Behandlung von Tennisneurosen widmete. Die obige Abbildung zeigt das Wartezimmer, wo die Patienten ängstlich ihre so kostbare Stunde auf der Tenniscouch herbeisehnen.

Anschuldigungen wegen Verderbtheit, verfolgte Freud dennoch seine Theorien mit aufrichtiger Zielstrebigkeit und unbezwinglichem Mut. Während dieser Zeit schrieb er in einem Brief an K. Burger: »Ich verstehe jetzt, warum mich die Leute für einen tennisbesessenen Psychopathen halten, aber ihre heftige Reaktion verdeckt lediglich ihre Furcht. Der mächtige, ursprüngliche Tennistrieb und seine vielfältigen Abwandlungen haben die Grundkraft der menschlichen Psyche von den relativ harmlosen Sexualtrieben hin zu der um so vieles urtümlicheren Tennisbegierde verlagert. In dieser Hinsicht habe ich, wie ich fürchte, das empfindliche Gleichgewicht der Schöpfung in Unordnung gebracht, als ich das orthodoxe Glaubensdogma des westlichen Menschen erschüttert habe. Die Kränkungen, mit denen ich überhäuft werde, lassen mich unberührt. Bei Tag mögen sie ja über meine Lehren lachen, aber ich bin sicher, daß sie nachts davon träumen.«

Diese Anstrengungen und Belastungen forderten jedoch schrecklichen Tribut, und Freuds Mißerfolg mit seiner nächsten Veröffentlichung *Mein Königreich, der Aschenplatz* (1909) zwang ihn, eine völlig neue Strategie zu entwerfen: die geradezu teuflische Rote-Herings-Theorie der Sexualität. Unter dem Beistand eines inneren Kerns von sieben Vertrauten begann er nun, seine *Abhandlungen über die wissenschaftliche Erforschung der Sexualität*, eine Serie kluger Ablenkungsmanöver mit Artikeln über die infantile Sexualität und Ausformulierungen des Ödipuskomplexes, zu veröffentlichen, während er insgeheim an seiner geliebten Tennisneurosenlehre verfeinernd herumfeilte. In dieser fiebrig aufgeheizten Atmosphäre entstanden seine großartigen, bislang verborgen gebliebenen Arbeiten *Sexuelle Perversionen und die beidhändige Rückhand* (1910), *Penisneid und Großkopfschläger* (1912) und *Fleischliche Lust und der unerreichbare Netzball* (1913).*

* In dieser großartigen Arbeit untersucht Freud die Angewohnheit, zwanghaft die Höhe des Netzes zu messen. »Weder glaubt jeder Mann daran, daß der Penis im Alter einschrumpft, noch leidet jede Frau unter Penisneid; deshalb können wir das perverse Vergnügen, das der Maßvergleich bietet, nicht einfach auf rein sexueller Ebene erklären. Der unerfüllte Wunsch,

Freuds »Splendid isolation« führte, wie sollte es auch anders sein, zu noch kühneren Höhen schöpferischer Inspiration. Seine Arbeit im Winter 1914 am Psychoanalytischen Tennisinstitut in Riemerlehen bekräftigte eine seiner tiefsten Vermutungen: »Der defensive Lobball ist nicht nur eine Kompensationshandlung für einen zu kleinen Penis, sondern möglicherweise gerade die Ursache dafür.«** Dennoch, damals und auch in den darauffolgenden Jahren, hielt Freud, der disziplinierte Wissenschaftler, seine Enttäuschungen in Schach und teilte seine denkwürdigen Beobachtungen lediglich mit seinen engsten Vertrauten.*** Eine so prophetische Feststellung wie »Heutzutage ist Sexualität kaum mehr der Rede wert« (1923) und die unvergeßliche, ziemlich polemische Schrift *Fellatio und Netzspiel* (1923) waren Freuds »Sexual«-Reputation so entgegengesetzt, daß er sich damit zufriedengeben mußte, neue Konzepte zu entwickeln und nach objektiven Beweisen zu suchen, bis die Zeit für seine Tennislehre reif war.

Schneider zu werden, ist sicher ein häufiger Berufswunsch, aber auch das scheint nicht die wahre Ursache der vielen schweren klinischen Fälle zu sein, die wir behandeln müssen. Läßt man die beiden großen Urtriebe beiseite, so bleibt als einzige Erklärung die paranoide Hypothese, daß das Netz auf der eigenen Seite des Platzes tatsächlich höher ist.«

** Einer von Freuds größten Erfolgen in diesem Zeitabschnitt war mit dem Fall des Werner von O. verknüpft, den ein schreckliches Sexualsymptom quälte. Beständig verfehlte er die Vagina seiner Ehefrau und drang statt dessen in den Kissenbezug ein. Freud versenkte sich tief in die Urgründe seiner Tennisweisheit, bis er sich erinnerte, daß das Netz in der Mitte am tiefsten hängt. Daher machte er seinem Patienten den Vorschlag, sich beim ehelichen Vollzug jedesmal ein durchhängendes Netz vorzustellen. »Das wird Sie nicht nur anregen«, belehrte Freud den erstaunten preußischen Adeligen, »es wird auch Ihre Zielrichtung verbessern.« Und Wunder über Wunder, das Symptom verschwand umgehend – bis auf die Tatsache, daß die Beine des von O. wie in einem Knäuel verstrickt blieben.

*** In *Es war nicht die Lampe, an der Aladin rieb* verlagerte Freud seinen Nachdruck von der verhältnismäßig harmlosen Wechselbeziehung zwischen Rückhand und Masturbation, auf die er in seinem ersten Entwurf (1897) eingegangen war, auf die eingehendere Untersuchung eines beliebten viktorianischen Fetischs, den pervertierten Gebrauch von Schlägerfutteralen, deren Reißverschlüsse besonders große Zähne hatten (1922).

»Der Court ist meine Couch«

Eine große Tradition war nun begründet. Mit Sigmund Freuds Ermutigung und unter seiner Leitung rief der ursprüngliche Mittwochszirkel, verstärkt durch Neuanfänger der Tennisanalyse, den Anbruch eines neuen Entdeckungszeitalters aus: die »Tennistrieb-Ära«. Angespornt durch Freuds unermüdliche Energie und den zusätzlichen Anreiz, den sein letztes Werk *Der Court ist meine Couch* (1924) gegeben hatte, waren diese frühen Eiferer damit beschäftigt, den Tennistrieb des Menschen im durchsichtigen Schmelztiegel des Tennisplatzes zu überprüfen und neu zu formulieren.*

Bis zu dieser Zeit war Freud ganz in seiner Rolle als hingebungsvoller Arzt mit »dem Bedürfnis zu heilen und zu helfen« aufgegangen. Wie immer seine sonstigen Überzeugungen auch waren, die Resultate auf der Couch hatten den Vorrang. Mit der Herausbildung der Tennistrieblehre jedoch änderte Freud seine Technik völlig. Aus ernsthaften praktischen Erwägungen heraus hatte er den Analytiker stets als objektiven Beobachter empfunden, der die Rückerinnerungen seiner Patienten anhört, sie prüft, sichtet und interpretiert, aber sich nie persönlich hineinziehen läßt. Es gab da natürlich Probleme wie Übertragung, Gegenübertragung und Gähnen, aber das waren Geringfügigkeiten, die mit Sorgfalt, gesundem Menschenverstand und Disziplin gelöst werden konnten.

Freud machte sich nun die weit kühnere Wahrheit zu eigen, daß der Mangel an elterlicher Liebe, der sich in der zwiespältigen

*Freuds Tennis-Fallstudien sind wahre künstlerisch-literarische Meisterleistungen. Wer wird jemals den Saitenmann, Hanna O., den Netzmann sowie Kleinhändchen, den Abschläger oder den Wolfsmann vergessen können? Diese außergewöhnliche Zusammenstellung objektiv beobachteter klinischer Details bewahrt für die Nachwelt in dramatisch lebendiger Weise die frühen Höhepunkte der Tennispsychoanalyse.

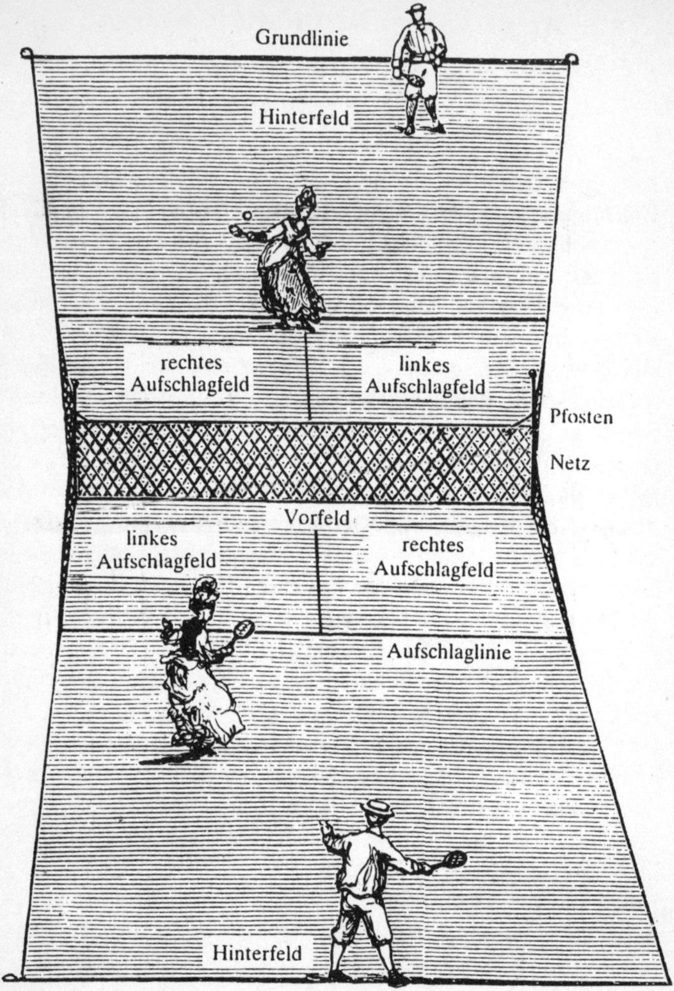

Satzungsgemäße Aufteilung des Tennisplatzes vor Freud.

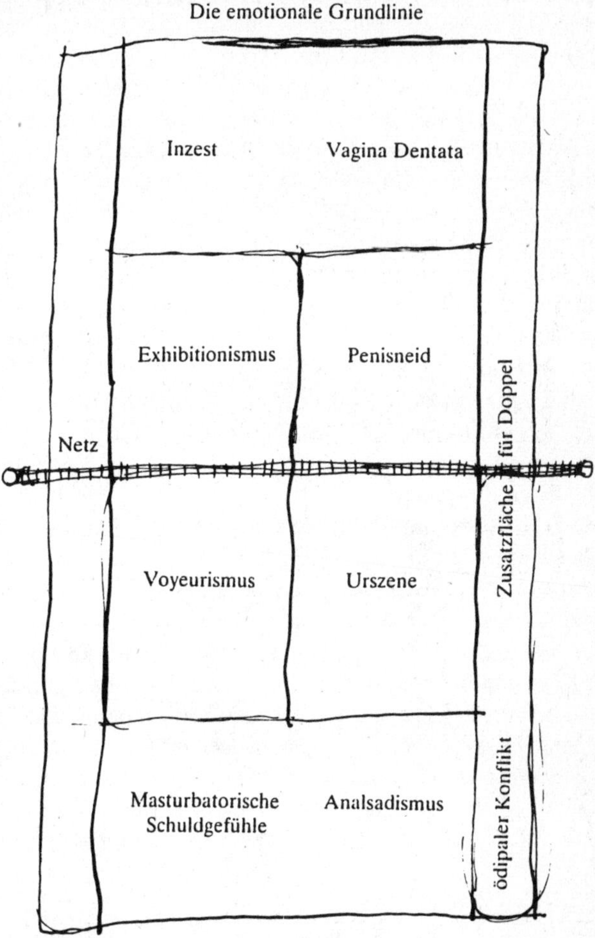

Der Tennisplatz in psychologischer Begriffsbestimmung, nach Freuds persönlichen Angaben durch einen unbekannten Künstler wiedergegeben.

Haltung gegenüber ersten Versuchen der Kinder, beim Tennisspiel zusehen zu wollen, äußert, die Wurzel der meisten seelischen Ängste bildet. Hier kann Abhilfe geschaffen und ausgeglichen werden, wenn der Analytiker seine Technik entsprechend modifiziert und gegenüber seinen Patienten eine persönlichere Haltung einnimmt. Freuds strenge Behandlungsgrundsätze wichen seinem wachsenden Interesse, den Tennishintergrund eines jeden einzelnen Patienten detailliert aufzuhellen: seine schmerzlichen Verluste und Traumata, die ihn quälten; die verschiedenartigen Schläger, die er benutzte, sowie die Art der Saitenbespannung und den daraus resultierenden Spannungsdruck; wichtig war, wo er seine Ausrüstung gekauft hatte, welche Tenniskleidung er trug, mit wem er spielte und was er dabei fühlte.*

Endlich unternahm Freud den entscheidenden Schritt vorwärts, als er kategorisch feststellte, daß »die einzige Möglichkeit, seine Patienten wirklich kennenzulernen, die ist, mit ihnen Tennis zu spielen«.

Freuds meisterhaft-überlegene Entscheidung, am wirklichen Leben seiner Patienten teilzunehmen, um diese uneingeschränkt naturalistisch beobachten zu können, war selbstverständlich in keinster Weise eine impulsive Entscheidung, sondern basierte auf abgesicherten klinischen Erfahrungen. Aufschwung gewann dieses neue Vorgehen durch den gerade in diesem Zusammenhang bemerkenswerten Traum von Otto M., in dem sich ein menschliches Wesen offenbarte, das durch einen Tennisschläger symbolisiert war. Gleichzeitig schien ein Tennisspiel die gesamte menschliche Existenz darzustellen. Freud erfaßte intuitiv, daß »Leben Tennis und Tennis Leben

*Die gefürchtete Tennisbefragung war eine Technik, die häufig die privatesten und geringfügigsten Details des Tennislebens eines Patienten, seine Gewohnheiten und Erlebnisse gründlich durchleuchtete. Zu ihrer Zeit wirkte diese Behandlungsmethode auf viele so furchterregend, daß Freud einmal anmerkte: »Ich weiß nicht, ob ein solches Eindringen in diese doch höchst intimen Bereiche unter allen Umständen als zulässig erachtet werden darf, selbst im Falle eines seinen hohen Grundsätzen tief verpflichteten Arztes.«

ist.« Wo sonst als gerade auf einem Tennisplatz kann man so gezielt zu den tiefsten, unbewußten Wurzeln der Angst bei vielen Personen vordringen,* ihrer erotischen Lust am eigenen Körpergeruch und dem analen Zwang, sich den Schweiß mit bloßen Händen von der Stirn zu wischen? Das Ausagieren mörderischer kleinkindlicher Geschwisterrivalitäten, das sich darin äußert, daß man wie durch Zufall absichtlich das Zählen der Plus- und Minuspunkte vergißt, und der abscheuliche psychosomatische Auslöser für den Tennisellbogen stellten sich hier so erschreckend dar, daß Freud kaum darüber zu schreiben vermochte. (Gegenüber Alfred Adler bemerkte er einmal, daß »ein wahrer Gentleman einfach nicht über ein solch grauenhaftes Unterbewußtsein verfügen darf«.)

Um diese Zeit herum (1924) war es, daß Freud Erasmus zitierte: »Die höchste Form der Glückseligkeit ist es, mit einer Portion Schwachsinn zu leben.« Und wann immer ihn seine Kollegen wegen seiner radikaleren Theorien befragten, antwortete er: »Das ist mir ganz wurst.« Nach der übereinstimmenden Ansicht der meisten Psychohistoriker ist dieser Ausspruch ein Anzeichen dafür, daß Freud, dieser hartgesottene Wissenschaftler und hoffnungslose Zyniker, durch die wachsende Weisheit des Alters einen Zustand milder Abgeklärtheit gewonnen hatte.

Um die Mitte der zwanziger Jahre begann Freud, eine nachsichtigere, mehr wunderliche und gütiger geprägte Weltsicht zu entwickeln, für die er einen Jazzmusiker, den er in seiner Wiener Allgemeinpraxis behandelt hatte, verantwortlich machte. Dieser Mann kam in freien Tennisassoziationen, zu denen er wegen eines hartnäckigen Schmerzes, der immer dann eintrat, wenn er seine Trompete an die Lippen setzen wollte, angehalten wurde, beiläufig zu der Feststellung: »Der Nacken ist mit dem Sprungbein verbunden, aber wer weiß, was dazwischen liegt?« Aus der Beschäfigung mit diesen Fragmenten des

*Margaret Mead und Englands Phillis Fitz-Hume widmeten sich diesem Sachverhalt in ihrer illustrierten Ausgabe von *Kopfjagd: Ein Kulturvergleich zwischen Neu-Guinea und Wimbledon* (1973).

Vorbewußtseins rekonstruierte Freud nach und nach die aggressiven, mörderischen Impulse, die sich von oben (schlechte Gedanken) und unten (schmutzige sexuelle Gefühle) nach irgendwohin dazwischen verlagert hatten. Durch sorgfältige Untersuchungen an seinen anderen Patienten und nach Rücksprache mit Kollegen nahm er den mittleren Durchschnitt zwischen Nacken und Knöchel und gelangte zum Ellbogen. Die große vor ihm liegende Herausforderung bestand darin, die ursprünglich symbolische Bedeutung, die hier verborgen lag, zu finden. Als er sich endlich verdeutlicht hatte, daß die eigentliche Existenz des Ellbogens eine Schutzfunktion darstellte, hinter der sich erschreckende frühkindliche und kindliche Tenniserinnerungen verbargen, deren wahre Natur sogar in der Erinnerung noch zu schmerzhaft und traumatisch war, um sie in die Vorstellung zurückholen zu können, eröffneten sich großartige Möglichkeiten in der Behandlung der meisten Formen von Geisteskrankheiten.

In den dreißiger Jahren machte sich die fortschreitende Ausbreitung des Faschismus bemerkbar. Viele von Freuds früheren Schülern hatten ihn verlassen oder waren gestorben, und seine eigene Krankheit verschlechterte sich. Unter dem Eindruck dieser wenig versprechenden Umstände beschloß Freud, daß die Welt immer noch nicht bereit war, seinen Wahrheiten ins Auge zu sehen. Er fuhr weiter fort, überaus produktiv zu schreiben und kehrte für einen Mann seines Alters eine bewundernswerte Arbeitskraft heraus. Seine aufrüttelnde Abhandlung *Inzest ist eine Familienangelegenheit* (1931), die er zusammen mit seiner geliebten Tochter Anna verfaßt hat, ist ein Testament seiner kompromißlosen Ehrlichkeit. In dieser bemerkenswerten Arbeit brandmarkt Freud in unmißverständlicher Weise den analsadistisch bedingten Verteidigungslobball als den heimtückischen Schlag, der er ja nun mal ist: »Man muß dem Lob eine Chance geben, aber es ist ein verabscheuenswürdiger Schlag, der in gemischten Spielen nicht angewendet werden sollte, wenn seine sexuellen und exhibitionistischen Wurzeln nicht ehrlich eingestanden und gründlich analysiert worden sind.«

Kurz danach veröffentlichte Freud *Die traumatischen Ursprünge des Elektrakomplexes* (1932), eine Abhandlung, die die masochistische Basis der Zuneigung, die ein kleines Mädchen für seinen Vater empfindet, enträtselt (»Keinen Penis zu haben kümmert das kleine Mädchen verhältnismäßig wenig; das eigentliche Problem liegt darin, daß der Vater es ständig anbrüllt, das Licht auszumachen.«).

In unglaublicher Spannweite folgte ein großes Werk dem anderen: *Fusselbälle und Schamhaar; Schnee auf dem Tennisplatz oder die seelische Angst vor Schuppen; Freude an den eigenen Fehlschlägen: Die Kraft des Negativen Denkens; Zivilisierte Tennismoral und die moderne Nervosität.* Die Ernsthaftigkeit, mit der Freud diese Konzepte betrachtete, ist bestens durch seine nüchterne Mahnung, die er zwei Jahre vor seinem Tode aussprach, illustriert, daß nämlich die ehrfurchtgebietende Heilkraft des Tennisunterbewußtseins des Menschen beste Antwort auf den Todestrieb ist« (siehe *Der Alptraum des abgesagten Tennisspiels: Eine Studie über Fettleibigkeit, Perversion und Selbstmord).* Sein letztes uns bekanntes Werk, *Die Reichweite sollte nicht die Auffassungsgabe überschreiten* (1938), ist so komplex, so vielschichtig, daß es künftigen Generationen von Gelehrten vorbehalten bleiben wird, die verborgenen Bedeutungsinhalte ans Tageslicht zu bringen.

Diesen Wissenschaftlern bieten Freuds gleichsam halbmystische Aussagen, die sich direkt aus der Tennistrieblehre herleiten, neuen Hoffnungsauftrieb und sicherlich eine interessantere Antwort auf menschliches Leiden als die abgedroschenen, substanzlosen Verlockungen der Sexualität. (Wie Freud doch so weise über den Geschlechtsakt bemerkt hat: »Wenn man ihn einmal vollbracht hat, was hat man dann davon?«) Seine Hypothesen sind und bleiben klassische Beiträge, die Grundlage für das lang erwartete Modell menschlichen Verhaltens. Während man Tennis, oberflächlich betrachtet, lediglich für eine weitere Sportart halten mag, bringt uns Freud nahe, daß die Erschaffung dieses Sports in erster Linie Mittel zu einem ganz bestimmten Zweck war: »Die besondere Struktur des Spielablaufes eröffnet Möglichkeiten des Verstehens und der Einsicht in das

Anna Freud war eine leidenschaftliche Tennisspielerin. Als es während des 1. Weltkrieges in Österreich-Ungarn keine Tennisbälle mehr gab, beschäftigte sich Freud mit der Verlustdepression seiner Tochter, imdem er imaginäre Tennisspiele ohne Ball mit ihr übte. Das oben abgebildete Photo, das während eines dieser Spiele aufgenommen wurde, zeigt deutlich Annas Schwäche für Schläge, die aufs Mittelfeld zielen (was, symbolisch gesprochen, dafür verantwortlich sein mag, daß sie die längste Zeit Jungfrau blieb).

menschliche Verhalten, die vorher unmöglich gewesen wären« (1934). Tennis verkörpert nach Freud ein Vehikel zur Selbstdarstellung, bildet die große Bühne, auf die das Leben in unendlichen Details projiziert werden kann: »In unserer heutigen Zeit halte ich Tennis für ein erlösendes Ventil, das nicht nur für das Verständnis, sondern für das Weiterbestehen der Spezies äußerst notwendig ist.* Die Fäulnis und der Niedergang des sexuellen Interesses sowie die damit verbundenen Probleme haben unweigerlich das Auftreten und die Entwicklung des Tennistriebes beschleunigt« (1932). Für Freud war Tennis der bildgewordene Ausdruck unserer Zeit.

* Sechs chronisch zwanghaften Lobballspielern wurde die grausame Entscheidung zwischen Ausschluß aus ihrem Tennisklub und unfreiwilliger Lobotomie (operativer Eingriff in die weiße Gehirnsubstanz) erspart, ein Ergebnis der menschlicheren Betrachtungsweise ihres unsozialen Verhaltens.

... vorgezogen ... und ... wenn ...
durch den starken Beschaffenheit dieses Mon...
...inaten von einer gewöhnlichen Methode d...
...der Ratten auf das Gesäß gebunden
... hatte, entwickelte ein seltsames Tennis...
...lob, wurde er von Furcht geheilt. Und

...schen
...is-
...läger

entwickelt, habe ich noch
dieser „Tennis-Sch...
der Tennisschläger-
Ratten-Verbindung
einen neuen Rat...
daß mein Patien...
wenn er den R...
sei so realistisch
vorschriftsmäßig ...
mit dem Patien...

Absurdität dieser Ideenverbindung ...
...tionelle Hilfe gebracht. Als sich der
...nt hatte, löste sich dieser ...
...hte der Patient auf dem Tennisp...
... masochistische sexuelle Tenn...
...ehr Form von Perversion ...
... Und um seine morbide Libido

EINE MIT ANMERKUNGEN VERSEHENE AUSWAHL AUS SIGMUND FREUDS GEHEIMEN SCHRIFTEN

Anmerkung zur deutschen Übersetzung: Da die Herausgeber nicht bereit waren, für die vorliegende deutsche Ausgabe die Originalmanuskripte, deren Gesamtveröffentlichung wegen ungeklärter rechtlicher Nachlaßstreitigkeiten noch ungewiß ist, zur Verfügung zu stellen, sind wir gezwungen, die aus dem deutschen Original ins Englische übersetzten Manuskripte Freuds rückzuübertragen. Dabei wird alle Sorgfalt darauf verwandt, dem Originalstil Freuds so nahe wie möglich zu kommen.

Das sollten Freud-Kenner berücksichtigen und Milde walten lassen, wenn des Meisters gerühmter Prosastil nicht immer ganz adäquat getroffen wird.

Vorwort des amerikanischen Herausgebers: Die in diesen Abschnitt aufgenommenen Papiere sind aus dem deutschen Originalmanuskript übertragen worden. Es war keine einfache Aufgabe, Freuds Prosastil mit all seiner Tiefe und Gemütsbewegtheit in die englische Sprache zu übernehmen.* Wann immer seine Ausdrucksweise schwierig und dunkel wurde, war es nötig, auf Kosten der stilistischen Eleganz einer wörtlicheren Sinnübertragung den Vorzug zu geben. Als weiteres Hindernis erwies sich, daß Freud dazu neigte, gewisse Termini untereinander austauschbar zu gebrauchen, und seine Gedankengänge über die Jahre veränderte, ohne dies ausdrücklich kenntlich zu machen.

Zur Klarstellung sei gesagt, daß die Bezeichnungen Tennisinstinkt und Tennistrieb bedeutungsgleich gebraucht werden. Der große Tennisdrang jedoch zielt begriffsinhaltlich auf etwas Fundamentaleres, auf eine urzeitliche, alles verzehrende Begierde nach Bedürfnisbefriedigung.

*Es ist z.B. nicht immer klar erkenntlich, ob Freud einige seiner Feststellungen wörtlich gemeint hat oder nicht. In der Beschreibung eines Falles von Tennismord schildert Freud einen Mann, der seinen langjährigen Partner im Doppel umgebracht hat, weil dieser nach einem zweifach begangenen Doppelfehler im selben Satz gewagt hatte, »Mach's gut« zu sagen. Meinte Freud in diesem Falle, daß der Mann lediglich Böses wünschte, oder war der Betreffende wirklich ein Mörder?

Als Schriftsteller sah sich Freud einem Tätigkeitsfeld widersprüchlichster Beschaffenheit gegenüber, das sich einer wissenschaftlich-logischen Betrachtungsweise häufig entzog; daher bevorzugte er die bruchstückhafte Behandlung eines Themas, die eher zu einer zukünftigen Weiterbeschäftigung ermutigte als zu voreiligen Schlüssen. Dies traf ganz besonders auf die frühe Periode seines Schaffens zu, als er der Erregung, die unterbewußten Wurzeln der richtungsgebenden Kreisbewegungen eines Balles entdeckt zu haben, kaum Herr wurde, so daß er vor sich hin hüpfte und kaum mehr wußte, was er mit sich selbst anfangen sollte. Eine der Zielsetzungen dieses Buches ist es, die Kontinuität und die Modifizierungen der Ideen Freuds im Zuge ihrer zeitlichen Entwicklung zu zeigen.* Dieser historische Zugang stellt sich als wertvolles Gegengewicht sowohl zu einer unkritischen Anerkennung als auch zu einer unkenntnishaften Ablehnung der Tennistriebkonzeption dar. Es ginge weit über den Rahmen dieses Auswahlbandes hinaus, den Versuch zu wagen, die Tennistrieblehre in ihrem vollen Umfange vorzustellen. Die vorliegende Zusammenstellung ist mehr als eine Art Einleitung gedacht, sie soll dem Leser Anregung bieten, sich den originalen Quellen zuzuwenden. Das Hauptanliegen dieser Auswahl ist es, den wahren Freud zu zeigen – nicht länger belastet durch abstrakte, gelehrtenhafte Begriffsinhalte, sondern voller Leben mit all seinen kernigen Sprüchen. Wenn der Leser die Geduld aufbringt, Freuds ursprünglichen Weg in der Entwicklung seiner einfältig-naiven sexuellen Libidotheorie, die er später, strategisch genau geplant, wieder beiseite legte, mitzuverfolgen, wenn er gewillt ist, Freuds Probleme nachzuempfinden, und schließlich bereit ist, Freuds Irrtümer,

*Ein Beispiel dafür finden wir in einer 1910 verfaßten Abhandlung *Hart oder weich?*, in der Freud die möglichen Kindheitserfahrungen untersucht, die bestimmte Personen dazu befähigen, den Aufschlag häufiger für sich zu entscheiden als andere. Der einzige Unterschied, der den Gewinner vom Verlierer trennt, besteht darin, daß die ersteren bis zum Alter von 16 Jahren von ihren Müttern gebadet wurden. 1912 entschied Freud, dies sei eine zu verwirrende Entdeckung, und er gab das Interesse an dieser Tatsache mit der Bemerkung »Manchmal kann man auch zu weit gehen« auf.

seine teilweisen Erkenntnisse von bestürzender Wahrheit und schließlich die fundamentalen Entdeckungen der Tennistrieblehre zu verstehen, erwartet ihn das Abenteuer eines ganzen Lebens.

Der ödipale Triumph: Eine psychoanalytische Untersuchung der Gründe, warum man gegen schlechtere Spieler verliert

*In einer seiner provokativsten Schriften beschreibt Freud den Fall von Klein Hänschen, einem Tennischampion, der seine wichtigsten Spiele ausnahmslos verlor. Im folgenden Auszug enthüllt sich seine infantile, hysterische Furcht vor Tieren als Ursache seiner Kastrationsangst.**

Als kleiner Junge weigerte sich Hans, auf die Straße zu gehen, weil er befürchtete, ein Pferd könne ihm den Kopf seines Tennisschlägers abbeißen. Die Beziehung zu seinem Vater befand sich zu jener Zeit in einer Phase von Eifersucht und Feindseligkeit. Der Vater hatte ihm zwar das Tennisspiel beigebracht, hegte aber eine unbewußte Konkurrenzangst gegenüber seinem Sohn, weil er fürchtete, von ihm geschlagen zu werden. Hans liebte seinen Vater innig und unterdrückte deshalb seine feindseligen instinktiven Impulse gegen diesen... Er stellte sich statt dessen vor, sich vor einem Pferdebiß zu fürchten. Die Vorstellung der rachsüchtigen Vergeltung des Vaters wegen der Wettbewerbsanstrengungen seines Sohnes wurde

*In seiner frühen Abhandlung *Tennisgeheimnisse* (1897) hat Freud erstmals diese wirksame Technik, durch die Patienten ermutigt werden, ihre meist schrecklichen Tennisgeheimnisse abzuladen, eingeführt (»Das ganze Unternehmen scheitert, wenn auch nur irgendein Zugeständnis hinsichtlich völliger Offenheit gemacht wird.«). Es war fast untragbar, die Qualen aufgestauter Selbstbeschuldigungen anhören zu müssen, aber Freuds zeitweiliger Konzentrationsverlust erwies sich unter diesen Umständen als geradezu von Gott gesandt.

auf das Pferd projiziert. Ich half Klein Hänschen, dem ewigen Versager auf Turnieren, einzusehen, daß er seine Gegner nicht schlagen konnte, weil er, wenn er sich dazu aufschwang, sie genügend zu hassen, das Gefühl hatte, symbolisch seinen geliebten Vater zu beleidigen.

Nachdem Hans diese Einsicht über Monate hinweg durchgearbeitet hat und auch der letzte Rest der Angst, ein Pferd könne in sein Racket beißen, verschwunden ist, gewinnt er nun ein Turnier nach dem anderen. Jetzt fürchtet er sich zwar davor, daß ihm ein Pferd cines Tages die Genitalien abbeißen könnte und ihn damit kastriert, aber das ist nur ein harmloses Vorurteil; mit der Verdrängung des Pferdes durch das Automobil stellt eine solche Phobie bald nur noch einen Anachronismus dar.

Das unbewußte Bedürfnis, zu verlieren, 1896

Die Abbildungen zeigen eine Kollektion von Schlägern, die Freud über die Jahre hin benützt hat. Nach dem Urteil der Psychohistoriker geben die unterschiedlichen Schlägertypen Einblick in den Wandel der Vorstellungen, die Freud über sich selbst hegte. Der kurze Griff des letztgezeigten Rackets z.B. beweist, daß die Entwicklung von Freuds wachsendem Selbstvertrauen

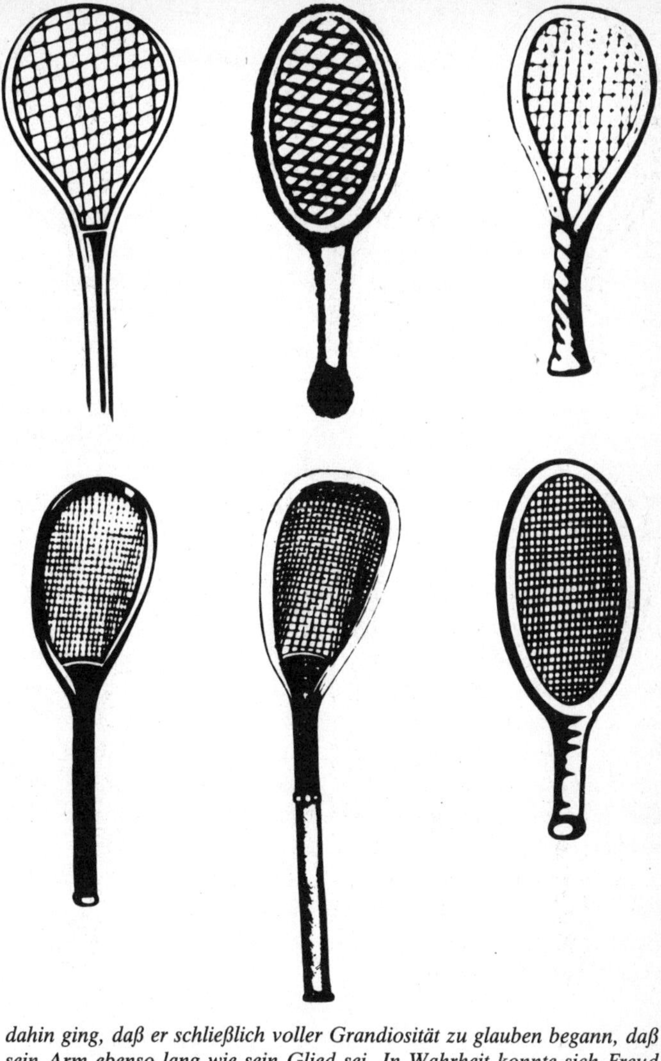

dahin ging, daß er schließlich voller Grandiosität zu glauben begann, daß sein Arm ebenso lang wie sein Glied sei. In Wahrheit konnte sich Freud niemals wirklich entscheiden, ob der Penis ein Symbol für den Schläger oder jener ein Symbol für den Penis sei.

Die vermeintliche Sicherheit des Großkopfschlägers

Betrübt hat mir ein Kollege mitgeteilt, daß das hölzerne Davis-Cup-Racket allmählich außer Gebrauch gerät. Einst der beliebteste Schläger, gilt er nun als überholt und wird von Modellen wie dem Prince, dem Big Bubba und anderen mit größeren und eindrucksvolleren Köpfen abgelöst. Seit in Wunschvorstellungen, Träumen und bei zahlreichen anderen Gelegenheiten der Schlägerkopf als Symbol für das männliche Glied erscheint, ist die angstvolle Vermutung, daß größer auch besser bedeutet, ein nutzloses kompensatorisches Verhalten. Patienten, die eine Abscheu vor ihrem armseligen Spiel mit konventionellen Schlägern empfinden, erfahren dies als Sinnbild ihrer Kastrationsangst und versuchen verzweifelt, sich in die vermeintliche Sicherheit harten Metalls und großer Schlägerköpfe zu flüchten. Diese Surrogate für den Penis mögen kurzfristige Erfolgserlebnisse begünstigen, aber die neurotischen Minderwertigkeitskomplexe verlagern sich nur. Erinnern Sie sich doch einmal an die einstmalige Beliebtheit von Hüten. Sie werden sich fragen, wo der Hut heute ist? Ganz einfach: Als die Leute endlich erkannten, daß ein Hut zwar den Kopf erweitert, aber abnehmbar ist und ständig vor Nachbarn und Freunden gelüftet werden muß, geriet er in Mißkredit. Ich befürchte, daß es nicht allzulange dauern wird, bis die Benutzer von Großkopfschlägern Komplexe dahingehend entwickeln, daß ihr tatsächlicher Penis lediglich ein armseliger, unterentwickelter Ersatz für die eigentliche »Sache« ist...

Der Großkopfschläger: Symbol und Symptom, 1899

Zur Psychopathologie des gemischten Doppels

Der Ödipuskomplex, der sich als ein grundlegendes Phänomen der sexuellen Aktivität in der Periode der frühen Kindheit offenbart, erliegt schließlich der Unterdrückung und wird von der Latenzperiodc abgelöst. Während ich in einer meiner früheren Theorien die Vernichtung des Ödipuskomplexes einem Mangel an Durchführungsmöglichkeit zugeschrieben habe, neige ich neuerdings dazu, den Untergang der phallischen Phase des Kindes in der Kastrationsbedrohung zu sehen.* Vorweggestellt sei, daß ein Junge diese Drohung keinesfalls ernst nimmt oder ihr auch nur die geringste Beachtung schenkt, zumindest so lange nicht, bis er bei kleinen Mädchen die schwächliche Vor- und Rückhand oder auch die Schwerfälligkeit ihrer Aufschlagsbälle erlebt hat. Dann aber schwindet sein Unglaube endgültig. Seine unterbewußte Phantasie sagt ihm, daß es sich hier um kleine Jungens handeln muß, die für ihre bösen Gedanken bestraft wurden. Die grauenhafte Angst, wie ein Mädchen zu spielen und in irgend so ein verschlafenes Tenniscamp davongejagt zu werden, bewirkt eine Desexualisierung, verbunden mit einer Sublimation der zum Ödipuskomplex gehörenden libidinösen Triebe. Durch den erzwungenen Verzicht auf Sexualität und die verzögerte Verfolgung erotischer Interessen bleibt das Tennispotential bis zur Eheschließung bewahrt. Die Sexualität verharrt während dieser Latenzperiode in einem vorbewußten Zustand, um im frühen Stadium des Erwachsenseins mit dem Tennistrieb wieder vereint zu werden. Das subtile Verschmelzen von Sexualität und Tennis

* Freud hat das Ödipusproblem niemals ganz gelöst. Seine letzte Stellungnahme zu dieser Frage im Jahre 1936 ging dahin, daß Knaben auf ihre inzestuösen Wünsche dann verhältnismäßig leicht verzichten, wenn sie erst einmal feststellen, daß ihre Mütter sexuell weitgehend unattraktiv sind.

im Stande der Ehe ist eine der tragenden Grundlagen junger Liebe. Der allmählich eintretende, zersetzende Effekt, der daraus resultiert, daß ein Mann mit der eigenen Frau gemischte Doppel spielt, macht sich erst mit dreißig oder vierzig Jahren bemerkbar. In der schändlichen Vernachlässigung der Realität und dem allgemein kläglichen Urteilsvermögen, die sich bei denjenigen zeigen, die bereit sind, ihre Ehe an der Scylla und Charybdis dieser teuflischen Erfindung aufs Spiel zu setzen, spiegelt sich Masochismus in schlimmster Vollendung wider.

Der Untergang des Ödipuskomplexes, 1903

Einleitende Ausführungen zum Tennisellbogen

Neurotische Symptome wie der Tennisellbogen gehen auf einen Konflikt zurück, der aus einer neuen Art und Weise, die Libido zu befriedigen, resultiert. Deutlich sichtbar scheidet sich hier der Weg zur Perversion von dem zur Neurose. Das Entweichen der Libido unter Konfliktbedingungen wird ermöglicht durch das Vorhandensein von Fixierungen. . .die Libido findet die erforderlichen Fixierungen, die nötig sind, um die Zwänge zu durchbrechen und zu den Aktivitäten und Beschäftigungen frühkindlicher Sexualität zurückzugelangen. Die Symptome schaffen Ersatz für das unerfüllte Verlangen, indem die Libido in ein früheres Stadium zurückkehrt. Die noch junge Geschichte der Neurosenlehre beweist, daß diesem Vorgang regelmäßig folgende Vorkommnisse zugrunde liegen: Beobachtung der Eltern beim Geschlechtsverkehr (die sogenannte Urszene), Verführung durch einen Erwachsenen und die Kastrationsdrohung. Der Rückzug der Libido in das Reich der Phantasie als einer Art Zwischenstation auf dem Wege zu Symptombildung scheint nach einem eigenständigen Namen zu verlangen. Jung nennt diese Phase Introversion. Ich bezeichne sie als »Tennisellbogen«. Wenn diese Elenden, die davon befallen sind, nur dazu gebracht werden könnten, sich zu beherrschen oder wenigstens ihre zwanghaften Masturbationsaktivitäten einzuschränken, insbesondere am Tag eines Spiels, würde sich der heftige Schmerz, der üblicherweise dieses Leiden begleitet, innerhalb eines Monats ganz von selbst lindern.

Einführungsvorlesungen zur Tennispsychoanalyse, 1906

Aufenthalt in einem Tenniscamp

21. Mai 1908

Lieber Dr. Jones!

Kurz will ich Ihnen Notiz vom neuesten neurotischen Symptom, das in Wien grassiert, geben: Es handelt sich um den Wunsch, in ein Ganztags-Tenniscamp, ein sogenanntes »Tennis total«, geschickt zu werden. Die Tatsache, daß so viele normal wirkende, respektable Erwachsene sich dem Tennis verschreiben, ist beeindruckend, selbst für meine strengsten Kritiker. Diese vorerwähnten Personen versuchen, etwas wiederzuerlangen, was nie vorhanden war; die Kindheitserinnerung, der sie nachjagen, hat niemals wirklich existiert. Die erbarmungslose Kultur, in der wir leben, schafft psychologische Wunden, die durch Phantasie-Kurzkuren nicht gelindert werden können. Es gibt kein magisches Wundermittel. Die Tennisneurose muß mit dem gleichen Einfühlungsvermögen, Respekt und mit viel harter Arbeit angegangen werden, wie sie auch jede andere ernste Erkrankung verlangt. Nur wenn wir die Symptome beseitigen, können wir die Gesundheit des kranken Patienten wiederherstellen. Der übliche Ablauf einer solchen Behandlung verlangt dreimal wöchentlich ein Einzelspiel und zweimal pro Woche ein Doppel, und das über einen Zeitraum von mindestens drei Jahren hinweg. Jedes Nachlassen des Patienten in dieser verordneten Lebensweise muß als Widerstand angesehen werden.

Herzlichst, Sigmund

P.S.: Ich werde am 28. Juli mit meinem Freund Mortimer an einem solchen Kurzcamp teilnehmen, aber lediglich als wissenschaftlicher Beobachter. Bitte erzählen Sie niemandem etwas davon.

Exhibitionismus und Sodomie auf den Tennisplätzen

Knaben und Mädchen auf den Tennisplätzen als Balljungen, also zum Apportieren verlorener Bälle zu verwenden ist ein verabscheuungswürdiges Überbleibsel aus der Frühgeschichte unserer Zivilisation – ein geradezu ins Auge fallendes Derivat der Sodomie. Die Beschäftigung der Jugendlichen, in der die Pädophilie nach althergebrachtem Brauch weißer Kolonisten weiterlebt, ist nur einen Schritt von unseren primitivsten Ursprüngen entfernt. Die etymologische Grundlage der Aufforderung »Hol den Ball« birgt solch eindeutig sadomasochistische und vertierte Assoziationen, daß es schwerfällt, sich vorzustellen, wie eine solche Obszönität unbeanstandet durchgehen kann. Zuerst die Tiere, jetzt die Kinder.

Aufgeschreckt durch Freuds Tennisverführungstheorien, ermittelt die Polizei gegen Pädophilie und Sodomie auf den Tennisplätzen.

Welche heiligen Werte will der Mensch als nächstes herabwürdigen? Meines Wissens ist hier die Urszene das unbewußte Verbindungsglied. Die Scheu, seine eigenen Bälle vom benachbarten Platz zu holen, ist in geschlechtlicher Hinsicht dem Coitus interruptus verwandt. Personen mit einem starken Schuldkomplex davor, das Ihre zu fordern, verteidigen sich gegen geheime voyeuristische Tendenzen. Aber, wenn Sie mir logisch folgen, so dient der Balljunge als Ventil, diese Bedürfnisse ohne Scham zu befriedigen. Ein anderer, deutlich hervorstechender Charakterzug dieses Personentyps ist darin zu finden, daß sie einen Gang zur Toilette dadurch einleiten, indem sie es jedermann vorher mitteilen. Hier zeigt sich ein Überbleibsel der Kindheit, in der solche Menschen das Vorspiel ihrer Eltern ständig dadurch störten, daß sie ihnen zeigen wollten, wie gut sie schon spielen. Das exhibitionistische Bedürfnis, das darin ausgedrückt wird, ist der Ursprung des sogenannten Tennisinterruptus, in dem sich der unbefriedigte Zwang äußert, unterschwellige Spannungen durch Tennis abzubauen.

Der moralische Niedergang unserer Zeit, 1909

Sexualität kontra Tennis

Freuds Fähigkeit, Spanisch zu lesen, erlaubte ihm, die Genauigkeit der spanischen Übersetzungen seiner Werke zu überprüfen; eine Tätigkeit, die normalerweise in einer lebhaften Diskussion über die korrekte Wiedergabe seiner Gedanken mündete. Bei einer Gelegenheit jedoch erregte sich Freud ganz besonders und betonte in einem Brief an Senor Luis López-Balesteros y de Torres, seinen spanischen Übersetzer, den Unterschied zwischen »Tennisbegierde« und »Tennistrieb«.

... In der Hervorhebung der erotischen Aspekte des Tennistriebes werden Sie möglicherweise unwillentlich ein Opfer des romanischen Sprachcharakters. Sexualität und Tennis können nicht vermischt werden. Ein gesunder Mensch ist zur Enthaltsamkeit verpflichtet, bis er die charakterliche Reife hat, diese beiden großen Triebe in sich zu verschmelzen. Um eine Irreführung des spanischen Lesers zu vermeiden, müssen Sie die diesbezügliche Priorität, die Tennis gegenüber Sex hat, hervorheben. Vielleicht wird es die Erschütterung Ihrer Landsleute verstummen lassen, wenn wir folgende veranschaulichende Erklärung hinzufügen: John L. Sullivan, der große amerikanische Boxer, gab immer schon drei Wochen vor einem großen Kampf jeden sexuellen Kontakt auf, ebenso verzichtete er auch darauf, sich zu rasieren. Man kann jeweils nur eines im Kopf haben oder, wie der berühmte spanische Dichter José Ortega y Gasset sagt: »Ein Mensch kann nicht am gleichen Tag Seifenblasen produzieren und große Gedanken haben...«

Brief an den spanischen Übersetzer, 1909

Geschlechtsbarrieren

Nirgends sind Freuds frauenfeindliche Befangenheiten klarer zu Tage getreten als in seinen heftigen Attacken auf gemischte Doppel. Nachfolgend ein Brief, den er 1912 an die Sozialistin Emma Goldmann nach der Lektüre ihres Pamphlets, »Soziale Gleichheit auf dem Tennisplatz«, geschrieben hat:

Liebe Emma!
Mit Ihrer Ansicht über das gemischte Doppel als den »großen Schmelztiegel« und den »Startschuß allen Handelns und Verhaltens« stimme ich völlig überein. Frauen sind wahrhaftig der Grund für Krieg und das Ende des Friedens, sie bilden die Grundlage all dessen, was gefährlich ist. In ihnen liegen der Schlüssel zu allen Anspielungen und die Bedeutung aller geheimnisvollen Hinweise. Die direkte erotische Annäherung hat uns nie den Zugang zum eigentlich-inneren Gehalt der Weiblichkeit gebracht. Aber vielleicht werden spontane Vereinigungen und unverbindliche Partnerschaften an der frischen Luft den verstohlenen Blicken sowie den stündlich sich wiederholenden unkeuschen Gedanken, verbunden mit der ständig wiederkehrenden sehnsuchtsvollen Vorstellung von Keuschheit, ein Ende bereiten. Sie haben völlig recht, die sexuelle Leidenschaft als eine unvollkommene Zurschaustellung der männlichen Beziehung zur Frau anzuklagen. Das Experiment des gemischten Doppels bietet der Menschheit unzweifelhaft neue, unverbrauchte Gelegenheiten, das Dunkel zu lüften, das dieses rätselhafte Geschlecht mit dem Namen Frau umgibt.

Herzlichst der Ihre, Sigmund Freud

P.S.: Bei aller Aufrichtigkeit muß ich allerdings gestehen, daß ich mit Martha, meiner Frau, nicht gerne spiele.

Tennis und ganzheitliche Gesundheit

Obwohl viele seiner Vorstellungen voller Abneigung und Skepsis aufgenommen wurden, erzielte Freud dennoch einen gewaltigen Durchbruch mit seinen Tennistheorien. Bis 1913 haben australische Eltern ihren Kindern grundsätzlich verboten zu onanieren, da die damals herrschende Meinung Gesundheitsbeeinträchtigungen befürchtete, z.B. Gehirnparalyse, Verlust der physischen Energie usw.
Als aber Freuds Theorie, daß eine lebhaft-flinke Morgenmasturbation eine erstklassige Aufwärmübung für Tennis sei, erst einmal bekannt wurde, waren die unterdrückenden viktorianischen Moralmaßstäbe bald für immer dahingefegt. Die Möglichkeit, locker und entspannt zum Tennisplatz zu kommen, gekoppelt mit dem eindeutigen Vorteil, den diese Aufwärmübung bot, fielen zu sehr ins Gewicht, als daß irgendein fairer Beobachter ihren Nutzen hätte bestreiten können. Nicht sogleich und geradewegs, aber doch nach und nach wurde so die Masturbation fester Bestandteil des wachsenden Trends zu einem ganzheitlichen Gesundheitskonzept.

Sehen heißt noch nicht glauben. Schon oft glaubte ich, unwiderlegbare Beweise zu haben, und dennoch rannte ich gegen die Vorurteile der Gesellschaft wie gegen eine Mauer an. Aber jetzt haben sich möglicherweise all meine Zweifel und Sorgen bezahlt gemacht. Ich gewinne meinen Glauben an die menschliche Gerechtigkeit zurück. In meinem Buch »Beiträge zur Kenntnis der Bildung, Befruchtung und Teilung des Tenniseies«, an dem ich derzeit arbeite, untersuche ich die Bildung und Befruchtung des Tennistriebes unter der besonderen Berücksichtigung der genetischen Aspekte und beweise, wie dieser geplagten Welt daraus Friede und Wohlstand erwachsen können. Weiß Gott, wenn die Menschheit bereit ist, die Masturbation zu akzeptieren, warum dann nicht auch eine Tennislektion von einem alten Juden.

Unübliche Aufwärmübungen, 1912

Ausgewälte Fallstudien zur Tennishysterie

»Die Eigenschaft, die die Tennisanalyse von anderen Behandlungsformen unterscheidet, besteht darin, daß sie im wesentlichen und von ihrer Absicht her eine zutiefst persönliche Form der Therapie ist. Die Rolle des Therapeuten ist nicht mehr länger die eines kühlen, sachlichen Beobachters in der antiseptischen Atmosphäre klinischer Neutralität, sondern sie verpflichtet zur interessierten Teilnahme an den Wechselfällen des Tennisspieles, die ja das Leben bedeuten.«

Freud, 1897

Sigmund Freuds offene, direkte und zupackende Methode, einen Fall anzugehen, zeigt sich am besten in seinen Fallstudien. Die folgenden Auszüge zeigen, wie Freuds Verständnis der vorliegenden Symptome aus dem Blickwinkel der Tennisbetrachtungsweise sich als geradezu erlösend erweist für die Befreiung seiner Patienten von ihren psychischen Qualen.

1. Fallbeschreibung: Das Gesicht der Tobsucht

Frau Cäcilie C. litt an einer extrem heftigen Gesichtsneuralgie, die zwei- oder dreimal im Jahr ganz plötzlich auftrat und dann fünf bis zehn Tage andauerte. Die Diagnose vermutete Selbstbestrafung für unrechtmäßige Handlungen. Frau C., von labilem Charakter, grimassierte ständig und knirschte mit den Zähnen, wenn ihre Partner unabsichtlich Fehler machten; außerdem traten bei ihr ein schreckenerregendes Stirnrunzeln und Zucken auf. Im Hinblick auf ihre gute Erziehung wurden Frau C.s Symptome im Gesichtsbereich als Ausdruck der Gewissensbisse für ihr ungehöriges Benehmen interpretiert.

2. Fallbeschreibung: Familieneifersucht

Während eines Besuches in einem Tennisausflugsort außerhalb von Wien kam eine junge Angestellte namens Maria zu mir und schilderte mir ihre Angstanfälle, die erstmals vor zwei Jahren aufgetreten waren. Es stellte sich heraus, daß sie von ihrem Onkel gestreichelt worden war und daß dieser sogar noch weitergehendere Versuche unternommen hatte, die sie jedoch abwehrte. Er hatte zu der Zeit schon ein inzestuöses Verhältnis zu seiner Tochter (Marias Cousine), seiner ständigen Partnerin bei den »Herzblatt-Turnieren«. Diese Hinweise auf Inzest und sexuelle Traumata sowie die daraus resultierende Hysterie waren zwar interessant, aber im Grunde unerheblich. Marias Problem wurzelte vielmehr in der Tatsache, daß ihr Vater nie mit ihr Tennis spielte und daß sie eigentlich eifersüchtig auf ihre Cousine war. Maria bestätigte insofern den Wahrheitsgehalt dieser Feststellung, als sie seit ihrer Kindheit Tennis geliebt hatte, aber sie war nicht in der Lage, das Gefühl der Eifersucht als etwas wiederzuerkennen, das sie wirklich spüren könnte. Als mir daraufhin klar wurde, wie unpassend es war, mit ihrem völlig unterdrückten Tennisödipus herumzuspielen, schlug ich ihr einfach vor, ihren Onkel in Zukunft zu meiden und statt dessen einen netten jungen Mann für schnelle Ballwechsel zu finden.

3. Fallbeschreibung: Doras Traum

Wenn es zutrifft, daß die Gründe für die hysterischen Erkrankungen eines Patienten in seinen ureigensten täglichen Tenniserlebnissen zu finden sind und hysterische Symptome der Ausdruck geheimster und tief unterdrückter Wünsche sind, dann verlangt die völlige Klärung eines Falles von Tennishysterie die Offenbarung dieser Intimgeheimnisse und die endgültige Lossagung von ihnen.

Einen typischen wiederkehrenden Traum beschreibt die Patientin Dora: »Ein Haus brannte. Mein Vater stand neben meinem Bett und weckte mich auf. Ich zog mich schnell an, aber Mutter wollte umkehren, um ihre zwei ›Prince-Graphite‹-

Tennisschläger zu retten. Mein Vater wies sie daraufhin zurecht und meinte: ›Ich bin nicht bereit, mit zwei Kindern nur deiner Tennisschläger wegen zu verbrennen.‹« Dieser Traum stand in engem Zusammenhang mit Doras derzeitig auftretenden Symptomen. Regelmäßig im zweiten Satz neigte sie zu Kurzatmigkeit, sie vermied Männer auf den benachbarten Plätzen und verfiel, wann immer sich ein Ball abnützte, in ein Gefühl von Kummer, verbunden mit Stimmungsumschwüngen. Der verborgene Gehalt des Traumes, nämlich die Zurücksetzung gegenüber den wertvollen Tennisschlägern durch die Mutter, war die unbewußte Basis für ihre hysterischen Verstimmungen, wann immer sie versuchte, Tennis zu spielen. Es ist zu vermuten, daß ihr Verhalten als Projektion eines unbewußten Todeswunsches gegen die Mutter und eines unterdrückten Verlangens, deren Schläger zu erben, dient...

4. Fallbeschreibung: Die Schlägerschutzhülle und die Regenmantelneurose

Ich werde jetzt den Fall eines 27jährigen Mannes beschreiben, dessen Libido für einige Zeit fast gänzlich verschwunden war. Seine Vorbereitungen zum Benutzen eines Kondoms dauerten Stunden und brachten ihn schließlich dazu, die ganze Sache als aufgenötigt zu empfinden. Durch seine unmäßige Furcht vor Ansteckung verdarb er sich den Genuß am Geschlechtsverkehr völlig und legte damit die Grundlage für die Ablehnung sexueller Vergnügungen. Eine dreijährige intensive Analyse ergab, daß dieser von Phobien gequälte Mensch, ohne es zu wissen, Tennis gespielt und dabei vergessen hatte, die Schutzhülle des Schlägers abzustreifen. Sein Spiel wurde dadurch nicht nur erheblich beeinträchtigt, sondern es traten auch begleitende Symptome wie Apathie, Verdauungsstörungen und Schlaflosigkeit auf. Die tatsachengetreue Rekonstruktion dieses Vorfalls zeigte, daß die Fehlhandlung, die Schlägerhülle zu entfernen, in symbolischer Weise eine kindliche Abwehr gegen Exhibitionismus und erste Anzeichen der »Regenmantelneurose« widerspiegelte.

Eine Auswahl typischer Photographien aus Freuds Tennisanalyse-Fallsammlung, 1912

Siamesische Zwillinge zählen doppelt

In den gesamten Annalen der Psychoanalyse ist dies sicherlich Freuds bei weitem unglaublichste Leistung. Auf der Bühne des Wiener Staatstheaters sah Freud 1902 eine Musikkomödie mit dem Titel »Siamesische Zwillinge zählen doppelt«. Tief berührt von der schäbigen Ausnutzung dieser so tragisch verbundenen Schwestern, beschloß Freud, ihnen zu helfen. In einer privaten Konsultation erklärte er in groben Zügen die Grundlagen seiner Tennistrieblehre und entwickelte die Idee, daß sie sich, wenn es ihm gelänge, den natürlichen Tennistrieb in jeder von ihnen zu wecken, möglicherweise spontan in Doppelteams aufspalten würden. Aber selbst Freud hatte die gewaltige Kraft seines Konzeptes unterschätzt; diese reizenden jungen Damen entpuppten sich als voll entwickelte Individuen, gänzlich in der Lage, Einzelspiele zu bestreiten. Bei der obigen Abbildung handelt es sich um ein mit Widmung versehenes Erinnerungsphoto für Freuds Vorher-Nachher-Sammlung.

Die gespaltene Persönlichkeit

Der berühmte Fall der gespaltenen Persönlichkeit: Herr J. spielte so ungeschickt, daß der Eindruck entstand, er bewege sich nach allen Seiten gleichzeitig. Freud verhalf Herrn J. zu geistiger und seelischer Gesundheit, indem er ihn ermutigte, sein Unvermögen in einen Vorteil zu verwandeln. Er überredete ihn dazu, 1907 am Wimbledon-Turnier als Doppelmannschaft teilzunehmen. Als Herr J. das Halbfinale mit der Nennung für das Einzel erreichte, wurde ihm klar, daß er alles in allem gar nicht so schlecht war.

Es handelt sich hier um das einzige bekannte Photo des Wolfsmannes, dessen Fall Freud dazu veranlaßte, den Begriff »polymorph-pervers« zu prägen, und zwar für Personen, die so aufreizend promiskuitiv sind, daß sie mit fast jedem Tennis spielen würden. Die Vielfalt von Ausschweifungen, die der Wolfsmann an den Tag legte, und seine rüden, unzüchtigen Auftritte bewirkten, daß er in den meisten zivilisierten Ländern vom Tennisspiel ausgeschlossen war. Er war der einzige Patient, den Freud als so anstößig empfand, daß es ihm peinlich war, öffentlich mit ihm in Verbindung gebracht zu werden. Erst nach seinem Tode gestand seine Ehefrau Martha, daß er einst vor sich hin gemurmelt habe: »Wir wären alle besser dran, wenn er an die russische Front geschickt worden wäre.«

Der Wolfsmann

Freuds heroischer Kampf, die Opfer von Phobien zu heilen, ließ ihn viele merkwürdige Wege gehen. Der als Handschuhmann berühmt gewordene Patient geriet in Angst und Schrecken bei der Aussicht, am Netz spielen zu müssen. Aufgrund seiner Kastrationsangst schützte er sich mit so vielen Handschuhen, daß er weder seinen Schläger heben noch den Ball sehen konnte. All diese Schutzmaßnahmen fegte Freud mit seiner meisterhaften Auslegungskraft beiseite: »Ein Hund mit fünf Beinen hat keinen Schwanz.«

Der Handschuhmann

Wilhelm L. war ein Voyeur, den seine zwanghaften Neigungen mit dem Gesetz in Konflikt gebracht hatten. Auf diesem charakteristischen Photo läßt Freud seinen Patienten Wilhelm die mehr als eigenartige Angewohnheit, unter das Netz zu kriechen, während der Ball noch im Spiel ist, vorführen. Freuds Erklärung (»Was sich unter dem Rock Ihrer Mutter befand, waren doch nur ausgeleierte Reformschlüpfer.«) war so überzeugend, daß Wilhelm sich daraufhin so lange beherrschen konnte, bis der kritische Moment vorbei war. Daraus resultiert der einzige Fall in der Geschichte des Wimbledon-Turniers, in dem das Regel- und Zulassungskomitee einem männlichen Spieler erlaubte, einen Rock zu tragen, damit dieser sich selbst der Tatsache sicher sein konnte, daß »das, was man sieht, auch das ist, was man hat«.

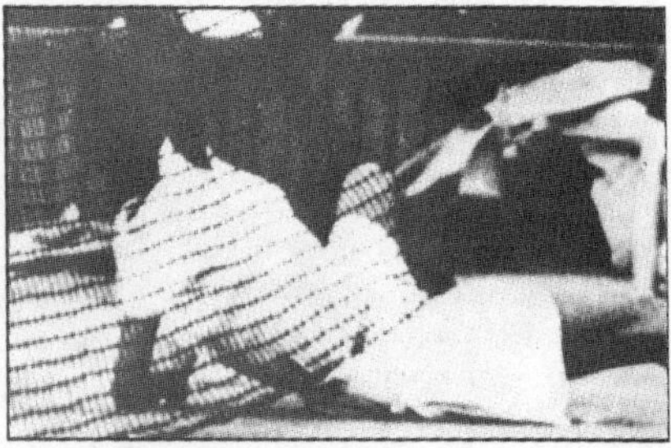

Peeping Tom, der Spanner

Der Berühmtheitenwahn

Als eine der größten Herausforderungen in Freuds illustrer Laufbahn erwies sich die durch den sogenannten Berühmtheitenwahn hervorgerufene Massenhysterie, eine ernsthafte Geisteskrankheit, die zwischen 1922 und 1925 in Mitteleuropa wütete. Völlig normal erscheinende Mitbürger begannen, das Gehabe und Aussehen berühmter Persönlichkeiten anzunehmen. In diesem ganz besonderen Fall versuchte Freud einen Frontalangriff auf tief verankerte Vorstellungen mit dem Einsatz intensiver Tennisgruppentherapie. Das obige Photo zeigt von links nach rechts: einen Mann, der glaubte, Charlie Chaplin zu sein, einen anderen, der sich wie Bill Tilden gab, daneben ein Paar, das verblüffend Douglas Fairbanks und Mary Pickford glich, und zwei weitere Männer, die wie Berühmtheiten auszusehen versuchten, dies jedoch ohne jeden Erfolg.

Angst vorm Aufschlagsfeld

Von 1904 bis 1911 wurde der italienische Tennissport von dem als Ballvirtuosen gerühmten Spieler Nicoló Nota beherrscht, bis dieser plötzlich, auf dem Höhepunkt seiner Karriere, eine phobische Angst vor dem Aufschlagsfeld entwickelte. Auf dem Photo sehen wir ihn, wie er im Zustand völliger nervöser Erschöpfung vom Platz geführt werden muß. Freuds Nachforschungen erbrachten, daß Nota, wann immer er das Aufschlagsfeld betrat, von einem leidenschaftlichen Schaudern befallen wurde, das, beginnend in der Genitalgegend, mit der Erektion der beiden großen Zehen zum Höhepunkt gelangte. In einer gründlichen Tennisanalyse gab Nota die unbewußte Vorstellung hinter dieser Phobie preis: »Das Aufschlagsfeld wirkt so riesig, daß ich das Gefühl habe, als wolle es mich verschlucken.« Freud ging darauf direkt ein, indem er seinem Patienten mitteilte: »Es handelt sich nicht um eine Frau, es ist lediglich ein Spielfeld.« Später offenbarte Freud gegenüber Romer: »Es war das Beste, ihn in dem Glauben zu belassen, daß seine Probleme lediglich sexueller Natur seien; tatsächlich war er nämlich einfach ein schlechter Aufschlagspieler.«

Das ist das Photo des Mannes, der mit sich selbst spielte. Herrn T.s Onaniepraktiken waren schon in frühestem Alter so tief verwurzelt, daß seine meisterhafte Vielseitigkeit absolut erstaunlich war. In dem berühmten Match von 1910, in dem Gäste aufgerufen waren, ihr Urteil abzugeben, ob die Hand tatsächlich schneller sei als das Auge, schlug sich Herr T. »6 zu 3«, »6 zu 2« und »6 zu 4«. Freud kommentierte das später so: »Dies ist ein Fall von extremem Narzißmus. Herr T. hat niemals jemanden gefunden, der nur halb so interessant war wie er selbst.«

Der Mann, der mit sich selbst spielte

Der Lob

Der Lob ist das Aschenputtel des Tennissports, ein Stiefkind, zu wenig genützt, nicht anerkannt und allgemein verunglimpft. Der Name »Lob« als solcher spielt schon, gleichsam symbolhaft verdichtet, auf eine Sexualorganfunktion an, nämlich auf einen hochgeschlagenen Tennisball, vergleichbar in seinem Kurvenverlauf dem hoch aufgerichteten Penis und dem dafür gespendeten Lob. Die rüde, phallisch orientierte Bemerkung, einen phantastischen Lob zu haben, ist für viele Männer daher kaum zu ertragen. Frauen dagegen, die ihrem Penisneid mit masturbatorischen Praktiken Befriedigung verschaffen, neigen dazu, den Lob ständig einzusetzen. Die Fähigkeit, den Lob nur als Lob zu sehen, mindert die Angst beträchtlich.

Widerstand gegen den Lob, 1914

Freuds Absage an Carl Jung

...Ich habe das Gefühl, nochmals betonen zu müssen, immer ein sehr moralisch empfindender Mensch gewesen zu sein in gänzlicher Übereinstimmung mit der hervorragenden Maxime: »Moral ist etwas Selbstverständliches.« Ich glaube, mich mit den besten meiner Zeit messen zu können, wenn Gerechtigkeitssinn und Rücksichtnahme gegenüber anderen sowie die Abneigung, Mitmenschen leiden zu lassen oder sie gar auszunützen, beurteilt werden sollten. Ich habe nie vorsätzlich etwas Gemeines oder Böswilliges begangen, noch jemals auch nur eine Versuchung dahingehend verspürt. Als einzige Ausnahme gestehe ich mir zu, wenn immer ich am Netz Gelegenheit zu einem Setup erhalte, den Ball aus wohl einleuchtenden Gründen voll auf den Bastard Jung zu schmettern...

Brief an James J. Putnam, 1914

Die schmucke Züricher Auswahl, angeführt von Mannschaftskapitän Carl Jung, erwartet das heldenhafte Match mit dem Wiener Institut, 1911.

Freuds Bruch mit Adler

Es gibt genügend Raum auf Gottes weiter Erde, und jeder, dem die Fähigkeit gegeben ist, hat einwandfrei ein Recht, darauf herumzustolpern, ohne daran gehindert zu werden. Aber wie dem auch sei, Sie trampeln mir zuviel auf meiner Seite des Spielfeldes herum, behindern mich in meiner Bewegungsfreiheit und verhunzen so mein Spiel. Sie sind einer der wenigen Menschen, denen ich eine Durchtrennung der Stimmbänder empfehlen möchte. Es ist in keiner Weise wünschenswert, daß Menschen, die aufgehört haben, sich gegenseitig zu verstehen, die so wenig zueinander passen wie wir, weiterhin miteinander Doppel spielen. Tun Sie mir den Gefallen und suchen Sie sich einen anderen Partner.

Der Ihre, Sigmund

P.S.: Jetzt weiß ich endlich, warum Sie so bestens als Fachmann für Inferioritätskomplexe bekannt sind. Machen Sie doch lieber ein Schuhgeschäft auf.

Freuds Erklärung an Alfred Adler, 1914

Über die Vergänglichkeit von Vor- und Rückhand: Eine melancholische Untersuchung

Die Feststellung, daß alles Schöne und Vollkommene der Vergänglichkeit ausgeliefert ist, kann zwei völlig verschiedenen Regungen Raum geben. Wehmütiges Erinnern an unsere doch so gewohnt routinierte Vorhand und den erfolgreichsten Tag auf dem Spielfeld bringt als ein Leuchtfeuer der Hoffnung Licht in eine lange, freudlose Zeit von Fehlschlägen und zufälligen Fehlern. Die Trauer über den Verlust einer geliebten Sache ist einfach eines der folgerichtigen Nebenprodukte unseres menschlichen Daseins. Aber auch diese findet spontan ein Ende. Wie lange kann jemand einem verlorenen Spiel nachtrauern? Wenn er endlich allem entsagt hat, auch dem Verlangen zu spielen, dann allerdings ist der Zeitpunkt gekommen, an dem sich die Trauer aufgezehrt hat und es der Libido freisteht, neue Sorgen, beispielsweise eine lausige Rückhand, zu finden, die das Leben erschweren. Die Fähigkeit, solchem Unsinn anheimzufallen, ist eine der großen Bereicherungen dieses Lebens...

Gedanken zu unserer Zeit
an einem regnerischen Nachmittag im Mai, 1916

Beschreibung eines frühkindlichen Tennistraumas

In meiner auch für die Zukunft bedeutungsvollen Abhandlung *Ein Kind wird gegessen* habe ich ausführlich analysiert, wie kleine Mädchen verborgene erotische Befriedigung daraus ziehen, daß sie ihren Vater veranlassen, sie zu beißen. Ich habe des weiteren darauf hingewiesen, daß es als Zeichen dieser Neurose gemeinerweise üblich ist, beim Tennis gegen solche Gegner zu verlieren, die man eigentlich leicht schlagen könnte. Diese Vorgehensweise, durch Schmerz einen unbewußten Lustgewinn zu erhalten, ist möglicherweise ein Weg, sich dazugehörig zu empfinden. Erst kürzlich habe ich bei einigen prominenten männlichen Spielern eine ähnliche Entwicklung festgestellt. Ihnen allen gemeinsam war ihre Zugehörigkeit zu reichen jüdischen Familien, die auf den Rasenflächen ihrer Grundstücke in den Wiener Vororten Tennisplätze hatten anlegen lassen. Die ersten Anzeichen der psychischen Beeinträchtigung zeigten sich in Appetitstörungen der Patienten. Diese traumatisierten Kinder waren seit ihrer frühesten Jugend, schon während sie noch im Kinderwagen saßen, dem Anblick ihrer Tennis spielenden Mütter ausgesetzt. Das tief verankerte Gefühl, ungewollt zu sein, zur Seite geschoben und vernachlässigt zu werden, wurde in der Vorstellung der Kinder in eine heftige Eifersucht auf den Tennisball umgemünzt. Der wird hin- und hergeschlagen, wieder und immer wieder, aber in jedem Fall gewollt. Während der kannibalistischen oder oralen Phase, solange die ursprüngliche Bindung der sexuellen Erregung an den Ernährungsinstinkt noch die Szene beherrscht, können solche Kinder lediglich runde gelbe Nahrungsmittel zu sich nehmen. Dies ist wahrscheinlich die zutreffendste Erklärung, die uns die Wissenschaft für die ungeheure Beliebtheit von Matzebrot – in seiner runden Form auch Matzeball genannt – und Hühnersuppe bieten kann.

Das unbewußte Bedürfnis, der Mutter nah sein zu wollen, macht die Jungen tatsächlich zu übertrieben schwierigen Essern. Die analsadistische Genitalorganisation wird als Weiterführung und -entwicklung der oralen angesehen. Besonders deutlich sichtbar wird diese analerotische Komponente in dem krankhaften, besessenen Bedürfnis der Patienten, ein perfekt rundes »Aa« abzuliefern. Nach eindringlichen Untersuchungen des Unterbewußten kam mir endlich der Gedanke, daß sie vergeblich versuchten, mit dem Tennisball zu konkurrieren, indem sie etwas im Erscheinungsbild Ähnliches produzierten. Die Umwandlung ihres verständlichen Ressentiments in solch ein widerliches, masochistisches Unternehmen ist eine der Tragödien unserer Zeit. Dies alles beweist deutlich, welche Abscheulichkeit darin liegt, ein männliches Kind verfrüht mit dem Anblick häuslicher Tennisplätze zu konfrontieren. Wenn ein solches Kind zum Erwachsenen heranreift, entwickelt sich der unbewußte Wunsch zu verlieren, um sich dadurch dem Gegner liebenswerter und nützlicher zu machen. Die Schmerzlichkeit dieser Rolle kann nur durch eine besonders nachdrucksvolle Betonung der sexuellen Erziehung wieder ausgeglichen werden. Wenn der Betreffende eine herausragend gesunde Konstitution hat, kann er vielleicht diesen frühen Mißerfolg, in seiner Attraktivität erfolgreich mit einem Tennisspiel konkurrieren zu können, überwinden, indem er seinen Penis als eine wertvolle Ausweitung der eigenen Persönlichkeit zu seinen Gunsten betrachtet.

Das Rätsel des Matzeballs, 1916

Der Tennisellbogen: Ein Problem ohne Heilung

*Es gibt eindeutige Beweise dafür, daß Freud außergewöhnliche Schwierigkeiten hatte, die dem Tennisellbogen zugrunde liegenden Abläufe zu verstehen. Abgelenkt und verzweifelt durch die Abfassung solch seichter psychoanalytischer Artikel mit völlig belanglosen Themen wie die Unterscheidung zwischen Unterdrückung und Abwehr, oder wie sich reale Furcht von der neurotischen Angst unterscheidet, und der vergleichende Unterschied von fortschreitender seelischer Hemmung und Regresssion, verlor Freud doch nie das Problem des Tennisellbogens aus den Augen, das ihm wie ein möglicher Entzifferungsschlüssel für das Verständnis der Mysterien hinter den hauptsächlichsten Neurosen erschien.**

Im Gegensatz zu der Hysterie, die das Problem des Tennisellbogens umgibt, zeigt der Betroffene überhaupt keine Angstgefühle. Er bringt vorbeugend am Vorderarm einen Verband an und trennt sich von der Schmerzempfindung völlig ab. Dabei mißachtet er ganz offen die unergründlichen physischen und psychischen Kräfte, die in diesem Teil seines Körpers zusammentreffen. Ein vielfältiges, unterschiedliches Erscheinungsbild, für das es keine eindeutige Erklärung gibt, wird sichtbar. Die üblicheren Symptome sind eine motorische Lähmung, ver-

* Gerade zu dieser Zeit schrieb Freud an einer seiner weniger bedeutenden Abhandlungen, *Der Mythos des »Sweet spot«* (1925), um damit die Sinnlosigkeit der Debatten, ob dem vaginalen oder dem klitoralen Orgasmus der Vorzug zu geben sei, aufzuzeigen. »Keiner von beiden existiert wirklich außer in der Vorstellung übererregter Frauen«, hielt er fest. »Es gibt keinen ›Sweet spot‹ im Tennisschlägerkopf und keinen ›G-Punkt‹ bei Frauen. Es gibt nur ein Gefühl der Leere, das durch die Phantasie gefüllt wird.«

bunden mit Bewegungseinschränkungen und unwillkürlichen Muskelzuckungen oder -ausfällen, alles begleitet von starken Schmerzen.

Diese Symptome scheinen sich in zwei Gruppen zu unterteilen: Sie stellen entweder Behinderungen, Vorsichtsmaßnahmen und Buße dar, oder aber Ersatzbefriedigungen, die häufig in symbolischer Tarnung erscheinen. Der Ellbogen, irgendwie eng verbunden mit der psychischen Mittelachse der Seele, ist das natürliche anatomische Gebilde, um Verbote gegen Inzest, Mord, Kannibalismus und andere erfreulich angenehme Besessenheitszustände auszudrücken. Wenn jemand zu viel Spaß am Tennisspiel hat, entstehen automatisch gewisse Abwehrmechanismen gegen die Kastrationsangst und andere Begleitumstände des Ödipuskomplexes. Da der Tennisschlag, besonders deutlich wird das bei der beidhändigen Rückhand, den Masturbationsbewegungen verwirrend ähnlich ist, wird der titanische Kampf zwischen Begehren und Verzicht auf das Tennisspiel verlagert. Die wahrhaftig primitive Natur dieser unerträglich starken Kräfte wird deutlich in der masochistischen Befriedigung, die der Tennissüchtige empfindet, wenn er trotz seiner Schmerzen weiterspielt.* Dieses versteckte Mittel, alle seine Schuldgefühle erzeugenden Gedanken und Handlungen durch eine zeremonielle Selbstbestrafung zu sühnen, weist uns den direkten Weg zum Unterbewußtsein.

Sonderbare Tennissymptome, 1924

* Der Leser wird in diesem Zusammenhang auf Freuds Meisterwerk *Die Agonie des Fehlschlags und die Ekstase der Niederlage* (1911), eine tiefschürfende Untersuchung schlimmsten Masochismus, verwiesen.

Nichts als ein Tennisfaulpelz

Meine Interessenkapazität erschöpft sich in letzter Zeit immer schneller. Meine Aufmerksamkeit wandert nur zu gerne von der Gegenwart in alle anderen möglichen Richtungen. Irgend etwas in mir rebelliert gegen den Zwang, Geld verdienen und mich meinen Erwachsenen-Verantwortlichkeiten stellen zu müssen. Merkwürdig geheime Sehnsüchte, nichts als ein »Tennisfaulpelz« zu sein, machen sich in mir breit.

Brief an Sandor Ferenczi, 1922*

* Viele Beobachter haben die Depression und den Pessimismus, der sich mit Beginn des Ersten Weltkrieges in Freuds Korrespondenz einzuschleichen begann, bemerkt. Unterschiedlichste Erklärungen theoretischer und persönlicher Natur wurden für die Ursache dieser seelischen Beeinträchtigung gefunden. Die neueste Beweisführung zielt nun auf die Verknappung von Tennisbällen, die eintrat, als sich Österreich-Ungarn im Krieg befand und einen Zustand schuf, den Freud als akuten Tennisentzug bezeichnete. Eine andere Erklärungsmöglichkeit bietet der sogenannte »Fusselspleen«, der wie eine Heimsuchung über die österreich-ungarischen Armeen herfiel. Hunderte völlig normal wirkender Soldaten in den vordersten Frontlinien stopften sich, überwältigt von Kriegsneurosen und Heimweh, gebrauchte Tennisbälle in ihre Tornister und gaben sich in der Einsamkeit der Schützengräben perversen Praktiken hin. Obwohl sein Vorschlag, die Bälle amtlicherweise im voraus zu scheren, eine weitere Ausbreitung der Massenhysterie verhinderte, schien Freud sich doch nie mehr völlig von diesem Beweis menschlichen Vermögens, in Kriegszeiten auf das Niveau eines Tieres herabzusinken, zu erholen.

Die umfassende Bedeutung von Tennisträumen

In seinem Bemühen, die Träume seiner Patienten auszulegen, wurde Freud mit dem Auftreten böser, unnennbarer und unmoralischer sowie egoistischer, sadistischer und perverser Impulse konfrontiert, die im Gegensatz zu den ethischen und ästhetischen Grundsätzen des Wachbewußtseins des Träumenden standen. Der geistigen Kraft, die diese inneren Widersprüche überwacht und die primitive Wunschbegierde des Träumenden zugunsten höherer konventioneller und moralischer Ansprüche verändert, gab Freud die Bezeichnung »Tenniszensur«. Die durch die eindeutigen Tennissymbole der Träume zu Tage geförderten umfassenden Wahrheiten präsentieren sich so unverhüllt in ihrer primitiven und aussagekräftigen Gewalt, daß der Durchschnittsbürger es gar nicht ertragen kann, bewußt ihre volle Bedeutung zu erfassen.

In diesem unglaublichen Werk führte Freud das Prinzip des Serve-und-volley ins Tennisspiel ein und brachte den Sport damit endgültig ins zwanzigste Jahrhundert. Bis zu dieser Zeit haben selbst Turnierchampions endlos von der Grundlinie aus hin- und hergespielt. Erst Freuds fünfjährige Analyse des Tennisspielers Bill Tilden enthüllte die gefährlich-zerstörerischen Verbindungen zwischen frühen Begebenheiten der Sauberkeitsgewöhnung und der späteren Abneigung, am Netz zu spielen. Der Erfolg eines Spielers von Tildens Rang brachte als Folge eine große Anzahl anderer hochkarätiger Tenniscracks in Freuds Praxis.

Die Verworfenheit, die sich in der Art, einen Tennisschläger anzufassen, manifestiert, ergibt, gepaart mit der nackten Aussagekraft des Schlägerkopfes sowie den inzestuösen Beiklängen, die ein Spiel auf Mutter Erde (insbesondere auf Sandplätzen) nahelegt, und verbunden mit dem lüsternen Bedeutungsgehalt, den die Notwendigkeit eines Netzes offenbart, das uns vor Handlungen gemäß unserer erotischen und aggressiven Triebe schützen soll, einen umfassenden Beweis dafür, daß die Menschheit ihren ruhigen Schlaf einzig und allein der Tatsache verdankt, daß Tennis lediglich als Spiel angesehen wird.

Tennistraumdeutung, 1925

Fehlerhafte Grundschläge

... In der Kinderzeit gefundene unzutreffende Erklärungen sexueller Tatsachen tauchen im späteren Leben wieder auf und behindern den Betroffenen bei der Entfaltung seines Tennispotentials. Falsche Vorstellungen, z.B. daß sich die Befruchtung über den Mund oder die Geburt durch den Anus vollzieht, die Einbildung,daß die Vagina Zähne habe, sowie das Erlebnis des elterlichen Geschlechtsverkehrs als etwas Sadistisches oder der Glaube, sowohl Jungen als Mädchen besitzen einen Penis, schaffen ein auffallendes Handicap bei dem Bemühen, ein guter Tennisspieler zu werden. Da sexuelle Fehlvorstellungen häufig unterdrückt oder gar geleugnet werden, sind die Wahrheitsfragmente, die durch die neurotische Tennissymptomatologie herausgearbeitet werden, möglicherweise diagnostisch und therapeutisch hochbedeutsam. In diesem Zusammenhang scheinen der Netzball und der Lobball die auffälligsten Anzeichen einer zugrunde liegenden Pathologie zu sein.*

Über die Sexualvorstellungen von Kindern, 1927

*1928 schrieb der geheilte Tennispsychotiker Theodor Poletsky ein aufschlußreiches autobiographisches Buch: *Das Leben, ein schlechter Aufprall.* In diesem gepeinigten Einblick in das Innere der Tennisseele bestätigt Poletsky die dunkle Kehrseite von Freuds Interpretation der Hypochondrie im Zusammenhang mit gerissenen Saiten (»Manche Schläger sind nie gespannt.«) und offenbart damit den wahren Grund brauner Schwielen.

Die sexuelle Attraktion des eigenen Tennisschlägers

Ich weiß, daß Sie alle am Fall des Rattenmannes interessiert sind. Ich habe diesen Fall auf drei vorangegangenen Kongressen zur Diskussion gestellt und mußte bis jetzt meine Enttäuschung und mein Versagen im Versuch, die machtvollen Obsessionen dieses Mannes zu verstehen, eingestehen. Wenn Sie sich erinnern wollen, so hatte ein Mitoffizier des Patienten diesem eine orientalische Züchtigung beschrieben, in der am Gesäß eines Mannes ein Gefäß mit lebenden Ratten befestigt wurde. Kurz nachdem er diese Geschichte gehört hatte, entwickelte der Patient eine merkwürdige Tennisstörung; immer wenn er seinen Arm zum Aufschlag über den Kopf erhob, war er vor Angst wie gelähmt. Erst im letzten Jahr habe ich, gleichsam wie ein Detektiv, der einen Knoten verwickeltster Beweise auflöst, die bestürzende Bedeutung dieser Aufschlagshemmung herausgefunden. Mir vor Augen haltend, daß Tennisschläger mit Darmsaiten bespannt sind, ein Material, das man auch Katgut nennt, drängte sich mir natürlich vom Sprachlichen her sofort der Begriff »Katze« auf. Mit der Verbindung, die sich aus den Begriffen Katze und Ratte ergab, kehrte ich mit neuem Mut an die Seite meines Patienten zurück. Es dauerte nicht mehr lange, bis er mir unter Tränen gestand, daß er immer, wenn er den Ball hochwerfe und seinen Arm hebe, deutlich ein »Miau« vernehme. Diese »Miaus« waren so realistisch und anhaltend, daß er den Eindruck gewann, verrückt zu werden, und sogar einmal darüber nachdachte, sich mit einem elektrischen Rasierapparat die Kehle zu durchschneiden. Als ihm das Widersinnige eines solchen Vorhabens aufging, kam er wieder zu Sinnen und suchte meine berufene, professionelle Hilfe.
Als sich der Patient endlich zu seinen »Miau«-Halluzinationen bekannt hatte, offenbarten sich schnell die eigentlichen Proble-

me des Falles. Seine analerotischen Triebe waren auf den Tennisschläger projiziert, und jedesmal beim Beginn eines Aufschlages empfand er diesem gegenüber eine starke, masochistisch sexuelle Erregung.* Diese Äußerung einer Art von Perversion war für ihn bei Bewußtsein nicht zu ertragen, deshalb unterdrückte der Patient seine krankhafte Anziehung gegenüber dem eigenen Schläger und entwickelte als Ersatz seine neurotische Obsession. Als er erst einmal seinen Schlägerkomplex angenommen und verstanden hatte, verschwand, Gott weiß wie, die quälende tierhafte Vorstellung, und die halluzinatorischen »Miaus« verminderten sich zusehend. Er hat immer noch Schwierigkeiten beim ersten Aufschlag, und manchmal hört er auch ein »Wauwau«, aber das scheint ein geringer Preis zu sein, verglichen mit...

Aus Freuds programmatischer Rede
über den Rattenmann, gehalten am 22. April 1928
vor den Mitgliedern des Psychoanalytischen Tennisinstituts

* Siehe dazu auch die unveröffentlichte, mit dem Pulitzer-Preis ausgezeichnete Arbeit *Kurz ist nichts*, eine kuriose Parabel, verfaßt von dem exzentrischen Genie Saul Goldberg. Dieser, einer von Freuds ersten Patienten, begann seine schriftstellerische Karriere mit der Forderung um allgemeine Anerkennung eines künstlich gehemmten Peniswachstums. Irgendwie begann sich im Verlauf des Textes die Bedeutsamkeit der Tennislibido einzuschleichen, so daß sich, zwischen den Zeilen versteckt, die Botschaft »Halt den Ball unten« findet. Goldbergs spielerischer Surrealismus verließ ihn, wie es scheint, und er starb unbekannt und mittellos, niemals wirklich fähig, sich zu entscheiden, welchem Thema er sich denn widmen sollte.

Eine neue Dose voller Bälle

Jedes Spiel ist ein neuer Start, ein Neubeginn sozusagen. Allgemein gesprochen brauchen die chronisch-eingebürgerten Fehler des täglichen Lebens diese Möglichkeit der Neuerschaffung. Das Öffnen einer Dose mit neuen Bällen scheint für einen Moment selbst unverbesserlichen Neurotikern einen Auftrieb zu geben. Schließlich liegt in diesem Vorgang das trügerische Versprechen des Erfolgs und der Vollkommenheit.

Beginne jeden Tag mit einem Lächeln, 1929

Schwermut am Freitagvormittag

In dieser denkwürdigen Abhandlung beschreibt Freud einen tief depressiven Mann, der sieben Jahre lang immer Freitag vormittags an einem Spiel teilgenommen hatte. Als dieses Arrangement sich plötzlich auflöste, brach dem Mann das Herz. Eine Einrichtung, die für ihn Grundlage und große Liebe seines Lebens bedeutete, war ihm plötzlich genommen worden.

...Schon bald darauf verlor er seine Liebesfähigkeit und jedes Interesse am Geschehen des täglichen Lebens. Am Freitagvormittag kehrte er immer wieder zu dem leeren Tennisplatz zurück, um dort an den Seitenlinien zu weinen. Seine Selbstvorwürfe steigerten sich derartig, daß er sich zu fragen begann, warum seine Gruppe tatsächlich auseinandergegangen war. Die Schwermut, die ihn umfing, nahm Züge der Trauer an und verband sich mit weiteren Anzeichen aus dem Bereich der Regression von der narzißtischen Objektwahl zum Narzißmus, bis sie sich in der obskuren Vermutung manifestierte, daß ihn die anderen Spieler verlassen hätten, weil er ihnen nicht gut genug war. Der nagende Gedanke, daß tatsächlich irgend etwas mit seinem Spiel nicht stimmte, verfolgte und quälte ihn... Dies war einwandfrei ein Fall, der nach einer drastischen Abkehr von den herkömmlichen Techniken verlangte. Durch geschicktes gesellschaftliches Vorgehen, durch einen sogenannten Milieueingriff, gelang es mir, sämtliche Mitglieder der Freitagsgruppe zusammenzurufen. Hierbei befragte ich alle eindringlich mit der Absicht, des leidenden Mannes ärgste Befürchtungen zu bestätigen, und erhielt als Ergebnis, daß es wirklich nervtötend war, mit ihm zu spielen, weil er keinerlei Voraussetzung, die ihn zur Teilnahme berechtigt hätte, mitbrachte. Dieser nachträgliche Angriff entzündete einen solchen Ausbruch selbstgerechten Zorns bei dem Opfer, daß er danach von seinem masochistischen Bedürfnis, sich selbst zu beschuldigen, befreit war. Erfüllt vom Gedanken seines Märtyrertums, schloß er sich umgehend einer Donnerstagsgruppe an, völlig besänftigt von dem Gedanken, daß er »sowieso viel zu nett für diese anderen Typen« war. Die masochistisch libidinöse Bindung an die Freitagsgruppe war damit für immer beendet.

Ausführungen zu Tennismetapsychologie, 1930

Wiederholungen

... Wir wenden uns nun der Betrachtung sogenannter »Wiederholungen« zu. Spieler, die dazu neigen, Schutz in der richterlich-urteilenden Rolle zu suchen, haben eine Kindheitsgeschichte, in der sie als Familienschiedsrichter fungieren mußten. Ihre Aufgabe war es, Streitigkeiten zu entscheiden, die Harmonie zu erhalten und immer wieder zu beschwichtigen. Ihre große Begabung als Vermittler weckte in ihnen das Bedürfnis nach Friedfertigkeit und ruhiger Überlegung. Das Persönlichkeitsprofil dieser Spieler ist völlig verschieden von dem solcher Personen, die Freude darin finden, ihre Gegner im Stile »chinesischer Kung-Fu-Veranstaltungen« zu beleidigen (zurückzuverfolgen auf einen alten östlichen Philosophen, der als chinesischer Salomon bekannt ist). Der Gebrauch obskurer Schlachtrufe geht auf die Tatsache zurück, daß der »wahre« Gewinner eines Punktes, der noch einmal nachgespielt werden muß, in der Regel aufgrund der Wirkungen des Über-Ichs wieder gewinnen wird. Launenhafte und übertriebene Zurschaustellung des »Kung-Fu-Gebarens« deutet auf Bösartigkeit des Charakters und eine wenig wohlerzogene Natur. Kalkulierte Nichtbeachtung, falsche Lobsprüche und andere Formen der Guerillakampfführung mögen die einzig angebrachten Möglichkeiten sein, um Gegner, die eine sadistische Befriedigung daraus ziehen, es einem ständig unter die Nase zu reiben, niederzuhalten.

Der ambivalente Charakter, 1931

Existentielles Tennis

...Ein Mensch, der nach dem Sinn und dem Wert des Lebens fragt, ist zu diesem Zeitpunkt schon krank, da doch nichts von beidem wirklich existiert. Solche Fragen lassen lediglich die unerfüllte Libido, der irgend etwas zugestoßen ist, nämlich eine Art von Veränderung, die zu Traurigkeit und Depression führt, ins Unermeßliche wachsen. Es tut mir leid, wenn diese Ausführungen nicht sonderlich tiefschürfend sind; vielleicht bin ich aber auch zu pessimistisch; denn es ist Mitte September und die Blätter fallen, ebenso wie in zwei Wochen die Netze der Freilufttennisplätze.

Brief an Leopold Königstein, 1931

Zehenspitzentabus

Im Hinblick auf Fußfehler kreist der unbewußte Konflikt um die verbotene wollüstig-geile Vorstellung, sich mit den Füßen einer Frau zuerst einzulassen.

Der Fußfehler, 1932

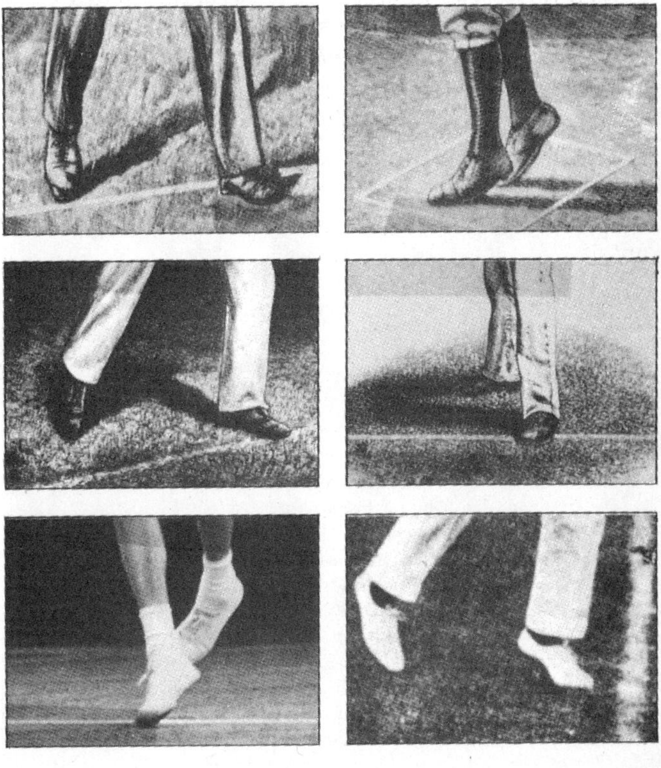

Jämmerliche Sportlichkeit

Das negative Ich-Ideal manifestiert sich in der Form mangelnden sportlichen Anstands und eigensinnigen Betragens auf dem Platz.* Während das Ich-Ideal die Maßstäbe und Werte, um die wir uns bemühen, darstellt, spiegelt das negative Ich-Ideal die Hinwendung zu einem abstoßenden Selbstbild. Bei Menschen, die wiederholt in solches Verhalten verfallen, sind in der Biographie gewöhnlich gleichgültige Verhärtung, Wutanfälle und kleinere Diebereien zu finden. Die auffallende Unfähigkeit, mit sich selbst zufrieden zu sein, veranlaßt sie, die Welt dahin zu bringen, genauso jämmerlich zu sein, wie sie selbst es sind. Es handelt sich hier um völlig wertlose Kreaturen, die nicht einmal einer psychiatrischen Diagnose oder gar einer Klubmitgliedschaft würdig sind.

Das McHenry-Syndrom, 1933

* Martin Hichtsky, ein ungestümer ungarischer Analytiker, wird gemeinhin für die treibende Kraft hinter Freuds Interesse am Tennisspiel gehalten. Sein aufrüttelnder, weitblickender dreibändiger Klassiker *Sei nett zu deinem Racket* (1933) wird als Meilenstein in der Humanisierung des Wettkampfsports gesehen. Unglücklicherweise erlitt Hichtsky 1935 einen Nervenzusammenbruch, und seine beiden letzten Arbeiten, *Der Ping und ich* (eine Operette, die in Budapest nach der ersten Aufführung abgesetzt wurde) sowie *Tod den Kroaten* (ein Kriminalroman, der sich mit besonders angriffslustigem Netzspiel beschäftigt), spiegeln die Delirien eines Irren wider. Dennoch erteilte er Freud eine Lektion, die dieser nie vergaß: »Sprich niemals Deutsch mit deinem Sweet spot.«

Unheimliches Verkrampfen

Die meisten maßgeblichen Wörterbücher der deutschen Sprache beschäftigen sich in einigem Umfange mit den subtilen Begriffsinhalten, dem Bedeutungsumfang und den Verbindungszusammenhängen des Wortes *unheimlich* (ein Zustand, den wir auch im Tennis kennen, wenn man, den Sieg vor Augen, sich dennoch so unheimlich verkrampft, daß man es nicht schaffen kann). Um hier jede Verwirrung aufzuklären, lassen Sie uns festhalten, daß *unheimlich* ein schwierig zu definierender Begriff ist, der in verschiedenartigster Form mit etwas Erschreckendem verbunden ist, das plötzlich überhand nimmt – der Drang, ohne irgendeinen erkennbaren vernünftigen Grund plötzlich furchterregend schlecht spielen zu müssen. Ich schlage in diesem Zusammenhang eine direkte Behandlungsmethode vor, das »Heimliche Manöver«, eine Technik, die darauf abzielt, den verzweifelt-mutlosen Spieler so zu schocken, daß er doch noch die Hoffnung behält und nicht aufgibt.

Der Ursprung des Heimlichen Manövers im Tennis, 1934

Trophäen

...Wer Trophäen sammelt, neigt zum instinktiven Horten. Die Anhäufung ich-schmückender Attribute ist ein eindeutig kompensatorischer Akt für vorzeitige Ejakulation bei Männern und für unbefriedigende Orgasmen oder einen zu kleinen Penis bei Frauen. Wenn äußerlich erfolgreiche und gesellschaftlich beliebte Menschen ihre Trophäen öffentlich zur Schau stellen, gibt es gute Gründe, auf ein unerfülltes Sexualleben zu schließen. Frauen benützen männliche Partner im gemischten Doppel und oft auch ihre Tennisschläger als phallische Erweiterung ihres Ichs. Die Zurschaustellung von Trophäen soll in jedem Falle eine geheime Schande verbergen.

Das geheime Selbst, 1934

Der Freud-Cup wurde jährlich an den Patienten verliehen, der als Ergebnis der Tennistherapie die umfassendste Veränderung erfahren hatte. Eva von R., die diesen Pokal in fünf aufeinanderfolgenden Jahren (1903 – 1907) gewann, wurde 1908 endgültig disqualifiziert mit der Begründung, daß sie längst geheilt sei und lediglich deshalb in Behandlung verbleibe, um den Preis zu erringen. Daraus entstand im Anschluß eine große internationale Debatte, ob jemand, der wirklich gesund ist, eine Behandlung von solcher Länge auf sich nehmen würde nur eines Preises wegen. Freud löste das Problem, indem er die Preisverleihung einstellte und statt dessen »I ♥ Freud«-Buttons an diejenigen, die er am meisten bewunderte, verteilte.

Martha Freud

Freuds Überprüfung der anthropologischen Beweise für Inzest ergaben, daß das Tabu bei primitiven Völkern sehr viel ausgeprägter ist als bei stärker zivilisierten. Das Inzesttabu diente ihm auch zur Begründung seiner strengen Mahnung: »Spiel niemals Tennis mit deiner Frau. Es ist sehr fraglich, ob Mitglieder der gleichen Familie überhaupt Sex miteinander haben sollten, und beim Tennis verhält es sich kein bißchen anders.«

Der Ursprung der weiblichen Organschwäche

In dieser Abhandlung stellt Freud die Assoziationen eines kleinen Mädchens vor, das behauptet, es werde, wenn seine Schwester heiratet, ein Baby bekommen. Die Kleine weiß, daß nach der Hochzeit Babys kommen. Sie gibt an, noch vieles andere zu wissen: Ein Baum beispielsweise wächst in der Erde, und Gott hat die Welt erschaffen.

In Wirklichkeit versuchte die Kleine gar nicht, ihre kindlich naheliegende Vorstellung, daß Babys in ihren Müttern wachsen, auszudrücken. Das tun sie natürlich. Mit ihren Bemerkungen zeigt sie vielmehr, welch sexistischen Einfluß unsere Kultur auf junge Frauen, selbst in diesem frühen Alter, ausübt. Die Tennislibido, die durch die Vereitelung berechtigter Bestrebungen, wie z. B. einen eigenen Tennisschläger oder Privatstunden wie der ältere Bruder zu haben, verlagert worden ist, verwandelt sich in eine erotische Libido, unter deren Herrschaft so lächerliche Phantasien, wie Mutter zu werden oder ähnliches, gedeihen können. Die Preisgabe der ursprünglichen, uneingeschränkten Liebe zum Tennis wird sublimiert und gleichzeitig sexualisiert, bis sie nicht länger erkennbar ist. Diese grobe Karikatur und Verbildung der innersten Sehnsüchte eines kleinen Mädchens (gerade so zu sein wie ihre Brüder) ist die spätere Quelle narzißtischer Demütigung und Minderwertigkeit. Ohne die brutale Unterdrückung des Tennistriebes und bei Bereitstellung geeigneter Ableitungskanäle für die aufgestaute Energie verfielen Frauen wegen der männlichen Fähigkeit, im Stehen zu urinieren, sehr viel seltener in Eifersucht und Paranoia...

Gedankenassoziationen eines vierjährigen Kindes, 1934

Der Weg zur geistigen Gesundheit

Die analytische Behandlung sollte, soweit als irgend möglich, im Zustand völliger Entbehrung und Abstinenz durchgeführt werden. Das bedeutet keinerlei Sex, unter gewissen Umständen auch kein Tennis, und Verzicht auf jede Form von *Rachmanis*.* Der Patient ist durch seine Frustrationen erkrankt, und seine erschreckenden tenniszugeordneten Symptome dienen ihm als Ersatzbefriedigung. Man muß den Teufel mit dem Beelzebub austreiben. Wenn der verzweifelte, durch den ständigen Kampf zwischen Sex und Tennis hin- und hergerissene Geist endlich bereit ist, diesen beiden übermächtigen Instinkten zeitweise zu entsagen, beginnt die Wiederherstellung und die endgültige Genesung. Dann nämlich entdeckt die großartige Steuerungseinheit, die das Ego bildet, die eigene innere Stärke. Schwäche und unnötige erotische Aspekte werden beiseite geschoben, um dem Leben vom Standpunkt einer ordnungsgemäß wiederhergestellten Tennisperspektive gegenüberzutreten.

Aus einer Grußadresse Freuds
zu einem Treffen seines Klubs der Freunde, 1935

* Jiddisch für »Barmherzigkeit«

Das menschliche Sexualleben

Die erste Zone sexuellen Interesses beim Kind ist der Mund. Darauf folgt als nächste erogene Zone der After, und erst als Zeichen fortschreitender Reife zeigt sich die Hinwendung des sexuellen Interesses zu den Genitalien. Das eigentliche Stadium libidinöser Befriedigung tritt um das vierzigste Lebensjahr herum auf, wenn der Mann erfolgreich seinen flüchtigen zweiten sexuellen Frühling überwunden hat und die Hauptkraft seines Interesses auf Tennis verlegt. Unter einigen unüblichen Umständen wird auch Männern in den Fünfziger- und Sechzigerjahren noch ein gewisser sexueller Appetit nachgesagt, aber in den meisten Fällen ist die Vorherrschaft des Tennis in den späten Vierzigern fest etabliert, und erotische Wünsche sind längst durch die Ekstase des Spiels überwunden.

Der Übergang von der Sexualität zum Tennis, 1935

Tennis als Zwang

Der Sport verliert spätestens dann seine eigentliche spielerische Bedeutung, wenn der Ausübende nicht mehr aufhören kann, auch wenn er es möchte. Der so Betroffene ist tennissüchtig. Die fortschreitende Fehlentwicklung vom entspannten zum zwanghaften Spiel nimmt nur ein erfahrener Beobachter wahr. Das Vorhandensein eines der drei folgenden Anzeichen ist bezeichnend für eine ernsthaft gefährdete Kondition mit geringen Heilungsaussichten. Wer mehr als einmal pro Sommer ein Tenniscamp besucht, mehr als einen Schläger gleichzeitig mit sich herumträgt oder zu unchristlichen Zeiten (vor neun Uhr morgens) Stunden nimmt und Tennis spielt, ist nicht mehr zu retten. Sich unter »Tennisarbeitsdruck« zu befinden, ist, für sich genommen, noch nicht neurotisch; dieser Trieb ist in den meisten männlichen Erwachsenen vorhanden.

In diesem Zusammenhang darf der Fall des Saitenmannes nicht unerwähnt bleiben. Dieser war so hochgespannt, daß er Tennis einfach nicht aus seinen Bezugssystemen verbannen konnte. Weder zwanghaftes Masturbieren noch drei Stunden Tennis täglich konnten sein Verlangen stillen. Nachts machte er obszöne Telefonanrufe, in denen er seinem Opfer mit geiler Anzüglichkeit zuraunte: »Wie haben Sie Ihre Schlägerbespannung denn am liebsten?« Dieses abstoßende Verhalten lenkte die Aufmerksamkeit der Behörden auf ihn, die sich mit mir in Verbindung setzten. Nach mehreren Sitzungen mit diesem bedauernswerten Menschen gelang es mir, seine machtvollen neurotischen Triebe dadurch zu lindern, daß ich ihm eine Anstellung in einem Fachgeschäft besorgte, wo er Schläger für Frauen bespannen und seine Phantasien für sich ausleben konnte.

Zwanghaftes Tennisverhalten, 1935

Äußere Tenniserscheinung

Die in Wettkampfsportarten gebundene Libido ist eine Mischung aus aggressiven und autoerotischen Trieben. Funktionsmäßig stellt die erreichte Befriedigung eine Körperbeherrschung dar, die als Ausgleich für ursprünglich in der Kindheit erfahrene Minderwertigkeiten und Unzulänglichkeiten dient. Das zeigt sich besonders bei Männern und Frauen, die weniger am Sieg als an ihrem Auftreten und ihrer Erscheinung auf dem Tennisplatz interessiert sind. Zu den Symptomen gehören von Topdesignern gestylte Outfits, 1000-Mark-Schläger sowie farbige Schnürsenkel für die Tennisschuhe und Schlägerschutzhüllen in Klöppelspitze oder Petit point. Der Aufwand für Aussehen und Erscheinung ist ein typischer Hinweis auf ausgeprägte Akne und extreme Schüchternheit in der Jugend.

Der Körper als narzißtisches Instrument, 1935

Der Tennisball

Was ist ein Tennisball? Im tiefsteigentlichen Sinne bedeutet er Mutter oder Mutterbrust. Einen Ball wegzuschlagen und ihn wieder zurückzubekommen dient als Mittel zur Überwindung von Verlustängsten. Unbewußte Gleichsetzung des Balles mit der Beobachtung des Kommens und Gehens der Mutter zeigt sich unverhüllt in der Panik, die sich ausbreitet, wenn ein Ball vorübergehend vermißt wird. Vielen Spielern ist es in dieser Situation unmöglich, das Spiel fortzusetzen; sie müssen abwarten, bis der verloren geglaubte Ball wiedergefunden ist. Die Tatsache, daß manche Bälle einfach verschwinden und niemals wiederkehren, ist ein Symbol für irgend etwas, aber ich bin mir bislang nicht sicher wofür.

Die symbolische Suche nach der verlorenen Mutterbrust, 1935

Der Killerinstinkt

Beim Tennisspiel bezeichnet ein Spieler die Bälle mit »Gut« oder »Aus«, er hat damit gemäß den Spielregeln und den Umgangsformen des Spieles eine fast absolute schiedsrichterliche Verfügungsgewalt. Da das eine hohe persönliche Integrität voraussetzt, geben die meisten Spieler ihren verborgenen halsabschneiderischen Instinkten nach und werden unbewußt zu Betrügern. Konkrete Beweise für diese Realitätsverfälschungen sind schwer zu finden; denn den meisten, die solch unzutreffende Ansagen machen, ist immer noch die weitverbreitete Kinderweisheit »Aus ist raus« gegenwärtig.
Der mitleidslose, räuberische Aspekt des Tennis wird durch archäologische Studien, die beweisen, daß die ersten Ballspiele mit menschlichen Schädeln gespielt wurden, erhellt. In der französischen Umgangssprache haben alle drei Synonyme für Ball (*boule, bille* und *balle*) auch die Bedeutung »menschlicher Kopf«. Die heutzutage verwendeten, unverwüstlicher hergestellten Bälle sind zivilisatorische Mittel, unsere primitiven, kannibalistischen Instinkte zu zähmen und nutzbar zu machen. Tatsächlich wollen wir unsere Gegner wirklich umbringen, aber wir können damit umgehen, indem wir Verteidigungsmechanismen aufbauen, die als Anstand und Sitte in Erscheinung treten. Aber die urtümlichen Kräfte von Haß und Übelwollen, gegen die ständig angekämpft werden muß, sind für jeden objektiven Beobachter, der einige Zeit auf öffentlichen Tennisplätzen zugebracht hat, sofort erkennbar.

Die dunkle Seite der menschlichen Psyche, 1935

Angeregt durch die Wahrnehmung, daß Klein Hänschen seine Phobien nicht aus Angst vor Fisch, sondern seiner kleinen Hände wegen entwickelt hatte, entwarf Freud den sogenannten »Klein-Hänschen-Test«. In den Vereinigten Staaten bis 1935 als obszön verboten, enthielt dieser Test so schwierig zu beantwortende Fragen wie »An welche beliebte Jugendperversion erinnert Sie dieser Griff?« und »Haben Sie jemals mit irgendwelchen lüsternen Tennisgriffen experimentiert?«

Anatomie als Schicksal

Tennisschläger wurden von weit mehr als einer Person (nämlich von genau elf) als »die großen Kompensatoren« bezeichnet. Der Gebrauch extragroßer Rackets deutet ganz entschieden auf Schwierigkeiten in der Sexualsphäre hin. Insbesondere Frauen, die harte King-size-Rackets in Metall kaufen, reagieren von Natur aus phallisch-aggressiv und waren in der Regel eifersüchtig auf den Urinstrahl ihrer Brüder. Solche in sich widersprüchlichen Personen versuchen mühsam, ihre unzulängliche anatomische Ausstattung (Penisneid) zu kompensieren; sie urinieren im Stehen, kaufen sich Männerjeans mit einem Hosenschlitz oder suchen sich einen kleingewachsenen Ehemann. Auf dem Tennisplatz sind sie diejenigen, die ständig »Ich bin erster, ich bin erster« brüllen, statt sich an die Regeln zu halten.

Der Kodex des Unbewußten, 1935

Der ewige Verlierer

Die Neigung, verheerend zu verlieren, erweist sich als ein Derivat der Enkrogenesie oder auch Selbstbesudelung. Die Schande und Demütigung einer Niederlage mögen einen verborgenen masochistischen Aspekt bergen. Analfixierte Personen, besonders aber solche, die unfolgsam waren und nicht brav aufs Töpfchen gingen, haben normalerweise ein unerbittlich strafendes Über-Ich und sind ungemein einfallsreich im Erfinden immer neuer Gelegenheiten, ihre unbewußten Schuldgefühle zu beschwichtigen. Bei erfolgreicher Behandlung werden ihre blockierten, auf Selbstbestrafung gerichteten Kräfte freigesetzt, und ihre Spielweise verbessert sich zusehends. Dieser Wachstumsschub, verbunden mit einem weiteren diagnostischen Kriterium, unterscheidet den Spieler, der aufgrund psychogenetischer Faktoren verliert, von dem einwandfrei untalentierten, der von der Konstitution her schon ungeeignet ist, an Wettkampfspielen teilzunehmen. Der hinzukommende Faktor ist die verblüffende Wechselbeziehung zwischen unkontrolliertem Stuhlgang, den jemand in frühester Kindheit hatte, und der Anzahl zufälliger Fehler, die jemand als Erwachsener macht. Der unbegabte Spieler verhält sich gemäß seiner Natur, entspricht seinen wahren Möglichkeiten und empfindet kaum Scham oder Gewissensbisse. Der analfixierte Neurotiker dagegen schiebt die Schuld an seinem schlechten Abschneiden äußeren Bedingungen zu, aber das ist lediglich ein Überbleibsel kindlicher Konflikte, in denen unter allen Umständen eine Schuldanerkennung vermieden wurde. Solche zutiefst verwirrten Individuen spielen Doppel, damit sie ihre Blamage dem Partner anlasten können, oder sie heiraten ausgesprochene Unglücksraben, die sie dann für alle ihre Sorgen verantwortlich machen.

Tennisschmach und analer Charakter, 1936

Psychologie des Tennisalltagslebens

Der geschickte Kämpfer baut auf die Schuld des Gegners. Er muß nur unaufhörlich die Schläge seines Gegenspielers loben, und schon wird er bemerken, wie dieser anfängt, unter Druck zu geraten. Auch Selbstbeschuldigungen sind ein gutes Mittel, ein schlechtes Gewissen auszugleichen, um auf diese Weise erfolgreich zu sein und gleichzeitig den Gegner, der sich Gedanken macht, warum er Sie wohl so aufbringt, zu verunsichern. Wenn Sie bei irgendeiner Gelegenheit einen Ball Ihres Opponenten, der »aus« ist, als »gut« bezeichnen, können Sie später ganz unschuldsvoll bei einem kritischen Spielstand einen »guten« Ball als »aus« ansagen. Gewöhnen Sie sich daran, ganz aufrichtig wirkend, generell »Guter Versuch« zu sagen, dann können Sie bei vielen knappen Bällen »Aus« rufen und damit auch Erfolg haben.

Psychologische Kriegführung
zwischen den weißen Linien, 1936

Verlust des Aufschlags

Die Konkurrenzsituation zwischen Vätern und Söhnen oder zwischen Müttern und Töchtern verdichtet sich häufig in der Zeit der Pubertät in recht intensiver Weise, wenn nämlich das physische Vermögen der jüngeren Spieler anfängt, die größere Erfahrung der Eltern auszugleichen. Da das Unterbewußtsein den Sieg als Vatermord empfindet, wird die biblische Strafe (Auge um Auge, Zahn um Zahn) erwartet. Aus der daraus resultierenden Unfähigkeit zu spielen, weil das Schuldgefühl zu groß und der zerstörerische Trieb zu stark ist, lassen sich leicht unberechenbares Spielverhalten oder nervliches Durchdrehen erklären. Der Übergang von der Adoleszenz zum Erwachsenenstatus wird durch Väter, die kein unbedingtes Bedürfnis haben, die Oberhand zu behalten, oder solche, die miserable Spieler sind, ungeheuer erleichtert.

Elternmord und selbstverschuldete Niederlagen, 1937

Ballmaschinen
Automatische Trainer

Personen, die verschroben genug sind, Befriedigung zu empfinden, indem sie Bälle gegen einen automatischen Trainer schmettern, fühlen sich in steriler, unbelebter Umgebung am wohlsten. In ihrer Vergangenheit überwiegen Regelmäßigkeit, Beständigkeit und gedämpfte Gefühle, die zu analaggressiver Auflehnung geführt haben. Diese schwer zu befriedigenden Spieler neigen zu chronischer Verstopfung und verharren in der Vorstellung, ihre persönliche Hygiene zu vernachlässigen.

Liebe zum unbelebten Objekt, 1937

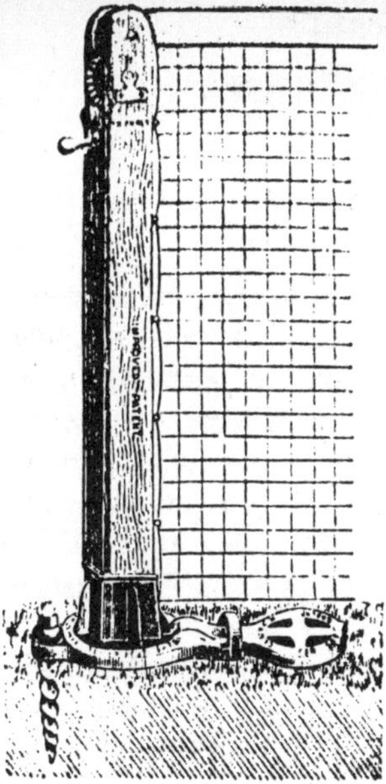

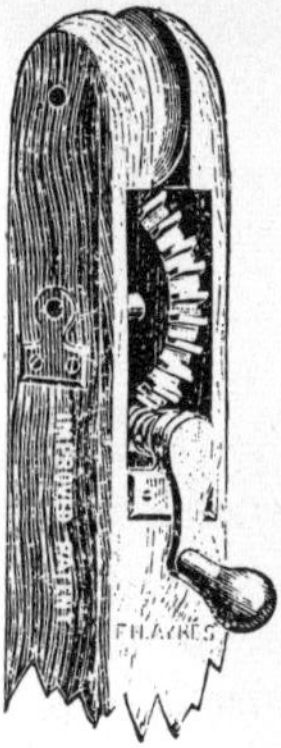

Weiterentwickelte Sperrklinke beim Netzspanner des »Krupp«-Pfostens

Der »Meister-Pfosten«

Der »Von-Strudel«-Rasenmarkierer

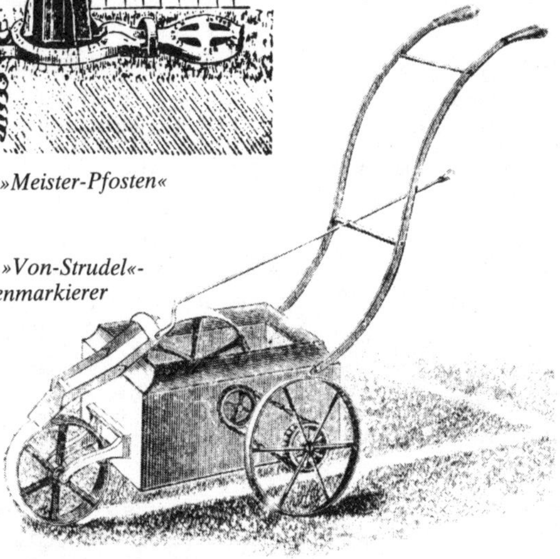

In der langen Geschichte der Menschheit, in der sie Dinge erforschte, die wir nicht kennen, können sich nur wenige heldenhafte Begebenheiten mit der heroischen Geschichte, die hinter den Erfindungen und technischen Weiterentwicklungen der Netzspannerkurbel, des Tennispfostens und der Markierungsmaschine liegen, messen. Drei der auszubildenden Analytiker des Wiener Instituts wurden 1906, 1907 und 1910 für diese bahnbrechenden Entwicklungen mit dem Nobelpreis für Wissenschaften ausgezeichnet.

Homosexualität und weißer Tennisdress

Die Theorie der unterdrückten Tennisinstinkte bildet möglicherweise den Grundstein zum Verständnis der Neurosen. Die sorgfältige Untersuchung der auslösenden, tief verborgenen Gründe hat uns dazu gebracht, nach den Konflikten zu forschen, die sich zwischen den sexuellen Impulsen des Subjekts und seinem dagegengerichteten Widerstand abspielen. Ich selbst bin dabei, das Leben meiner Patienten immer weiter zurückzuverfolgen, um Erklärungen zu finden. Dabei mache ich, wenn ich die ersten Jahre ihrer Kindheit erreiche, die Entdeckung, daß die regelmäßig berichteten Verführungsszenen, die sich in der Kindheit zugetragen haben sollen, nichts anderes sind als Wunschvorstellungen. Tatsächlich sehnte das Kind die Aufforderung, mit den Erwachsenen Tennis zu spielen und gleichzeitig als der kleine Liebling mit Lob überschüttet zu werden, gierig herbei, aber dieser Wunsch, etwas Besonderes darzustellen, kollidierte unbewußt mit der unmännlichen Gedankenassoziation, Weiß tragen zu müssen. Daher möchte ich für die Zukunft vorschlagen, daß Tennisspieler mehrfarbige Kleidung tragen, um diese Hemmungen des Über-Ichs zu lokkern, da die Farbe Weiß, wie ja allgemein bekannt ist, seit undenklichen Zeiten mit einer homosexuellen Aufforderung verknüpft ist.

Wenn wir nun wieder zu den Verführungsphantasien zurückkehren, so läßt sich unzweifelhaft feststellen, daß sich unbewußt in ihnen passiv-abhängige Tendenzen widerspiegeln. Die Mannigfaltigkeit der möglichen Schlägergriffhaltungen steht ganz offensichtlich in Wechselbeziehung zu dem so verschiedenen Bedürfnis der jeweiligen Personen nach Zuwendung. Der erste Griff des Kindes ist der nach der Brust der Mutter. Schwierigkeiten in der Entwöhnung sind mit Zweifel und Unsicherheit, ob die nächste Entwicklungsphase wirklich mehr als die vorhergehende anzubieten hat, verbunden. Wenn jemand nicht einzig und allein auf die Mutter vertrauen kann, dann muß als nächstes der ein- und beidhändige Masturbationsgriff gelernt werden. Wenn wir das Erwachsenenalter erreichen, hören wir häufig den Ausspruch »Du mußt dich selbst in den Griff bekommen«. Dieser Befehl, sein Leben zu meistern, steht in scharfem Gegensatz zu der nachlässigen, passiven Tendenz, die Dinge schleifen zu lassen, und der Weigerung, die Verantwortung für das eigene Leben zu übernehmen. Das Hin- und Herwechseln zwischen verschiedenen Tennisgriffhaltungen ist daher völlig vergeblich und lediglich symptomatisch. Zugrunde liegt die Fixierung auf ein früheres Entwicklungsstadium, aus dem der Widerstand, erwachsen zu werden, herrührt. Klar und unverhüllt zeigt sich das Geheimnis des Lebens in der Art des Tennisschlages. Man muß einen natürlichen Rhythmus finden. Der Wunsch, in den Mutterleib zurückzukehren, verleugnet die verborgenen Talente in jedem von uns.

Der Wunsch nach Regression, 1937

Die üblichen Platzgerüche

Die Aneignung des aufrechten Ganges durch den Menschen und seine geringe Einschätzung des Geruchssinnes beeinträchtigen nicht nur seine Analerotik, sondern drohen seine gesamte Sexualität zu unterdrücken. Die Loslösung vom tierischen Erbe des Menschen ist mehr oder minder nur eine schlecht verhohlene Begierde. Die Position der Achselhöhlen dicht neben dem Gesicht, ganz besonders während des Aufschlags, bietet ein geheimes sinnliches Vergnügen, einen Ansturm von Erregung. Verbunden mit der Anhäufung eingeatmeter Düfte vom Stirnband und dem Schweißband am Handgelenk, stellt sich die Geruchserotik als ein wichtiges Aphrodisiakum für all diejenigen dar, die an Langeweile, Weltschmerz und allgemeiner Farblosigkeit leiden. Der Zustand präorgastischer Träumerei, der sich unter der Einwirkung dieser Stimulationsmittel einstellt, äußert sich in einem allumfassend ozeanischen Gefühl des Verbundenseins zwischen dem Ego und der Welt um uns herum, so als seien wir im tiefsten Inneren alle Schwestern und Brüder. Die schweißige Erotik erscheint als eine modifizierte Form der Sexualität, in der die plötzliche Erkenntnis der unverfälschten Zuneigung, die wir füreinander fühlen, als Verbindungselement auflebt...

Die prähistorische Natur des Menschen, 1937

Fehlleistungen beim Tennis

Den Spielstand zu vergessen ist fast in jedem Fall vorsätzlich. Wer das Spielergebnis zu seinen Gunsten verfälscht, zeigt überschießenden Ehrgeiz und ein überentwickeltes Bedürfnis, Sieger zu sein. Hier brechen neben starken Geschwisterrivalitäten der frühen Kindheit, die niemals aufgearbeitet wurden, auch mörderische Impulse durch. Andererseits leidet der Spieler, der regelmäßig seinem Gegner ein besseres Spielergebnis zuweist, als diesem zusteht, darunter, in seiner Familienkonstellation stets der Bevorzugte gewesen zu sein. Solche Personen haben das Gefühl, mehr erhalten zu haben, als ihnen zusteht, und nützen unbewußt jede sich bietende Gelegenheit, um die Schuld, die sie wegen ihrer vermeintlichen Bevorzugung empfinden, zu sühnen. Wenn so jemand wiederholt seinen Tennisschläger verlegt, weist das darauf hin, daß er nicht reflektiv, selbstprüfend und erwachsen genug ist, um mit diesen gewichtigen Angelegenheiten umzugehen, und er lieber seine Zeit damit verbringen würde, geeisten Tee zu schlürfen. Geben Sie sich keiner Täuschung hin! Vermeidung ist keine Entschuldigung für den Wunsch nach Fehlverhalten. Irgendwo findet das Unterbewußtsein einen Weg, sich Ausdruck zu verschaffen.

Fehlleistungen bei Wettbewerbssituationen, 1937

Die verschiedenen Tennistypen im Lichte der Libidotheorie

Da die Libido überwiegend im geistig-seelischen Bereich angesiedelt ist, können wir von der Libidobesetzung her drei wichtige Haupttypen unterscheiden: den erotischen, den narzißtischen und den besessenen Tennisspieler.

Der erotische Typ ist derjenige, der während eines Tenniswettkampfs multiple Orgasmen erlebt. Seine Leidenschaft für das Spiel ist so ausgeprägt, daß dieser Typ häufig schon in Vorfreude auf ein gutes Spiel einen Höhepunkt erreicht, während er noch dabei ist, sein Auto zu parken. Wenn Menschen dieses Typs krank werden, weil ein Spiel abgesagt wird oder sie nicht gut genug sind, in ein Viererspiel aufgenommen zu werden, oder aber das Wetter nicht mitspielt, befinden sie sich in tiefer Depression und sind untröstlich.

Beim narzißtischen Typ ist die Spannung zwischen Ich und Über-Ich auf ein Minimum reduziert, und es entsteht daher kein Übergewicht erotischer Bedürfnisse. Das Hauptinteresse ist auf die eigene Person gerichtet. Ein solcher Mensch lebt eingesponnen in eine Vorstellungswelt, bevölkert von grandiosen Phantasien, die ihm vorgaukeln, wie gut er spielt, wie flüssig der Ablauf seiner Schläge ist oder wie attraktiv und anziehend er heute wieder aussieht. Der weibliche Narziß benimmt sich in dieser Hinsicht so übertrieben, daß es wahrlich unbeschreibbar ist. Die Eigenliebe in solchen Fällen führt zu einem Prinzessin-auf-der-Erbse-Syndrom, das anzeigt, daß die betreffende Person in immer weitergehendem Umfange die Bindung zu den Menschen ihrer Umgebung verliert und daß sie den Sport selbst als Mittel der gesunden Lebensfreude durch schmückendes Beiwerk und modische Freizeitkleidung ersetzt.

Der weitestverbreitete Typ ist der besessene Spieler. Er hadert ständig mit seiner eigenen Spielweise, wechselt häufig die

Schläger und deren Bespannung und hat nur selten das Gefühl, wirklich die Grenzen seiner Leistungsfähigkeit erreicht zu haben. Er neigt dazu, die Schuld, seinen Partner enttäuscht zu haben, auf sich zu nehmen. Tatsache ist, daß er diesen ganzen Ärger braucht, weil er sich ansonsten in solchem Umfange kaum um irgendeine Person, ein Interessengebiet oder eine andere Aktivität kümmern kann. Die deutlich erkennbaren Anzeichen von Ärger und mangelnder Bedürfnisbefriedigung sind lediglich gut maskierte und sublimierte Erscheinungsformen des wuchernden Ausdruckswillens der Tenniserotik.

Tennis als Hilfsmittel zur Bestimmung
von Charaktertypen, 1937

Beliebte Tennisobsessionen

Mehrere Jahre hindurch hatte sich Freud bemüht, für gewisse, bis dahin unverständliche Alltagsphänomene eine Erklärung zu finden. Manchen Leuten beispielsweise gelingt einfach kein Aufschlag, bevor sie nicht alle drei Bälle in ihrem Besitz haben. Andere wiederum sind ausschließlich damit beschäftigt zu überlegen, wer das letzte Mal die Bälle mitgebracht hat. Dann gibt es welche, die sich ständig verwirrt fragen, ob ihr Hosenstall geschlossen ist oder nicht. Manche Spieler dagegen erfreuen sich nur dann eines gesunden Schlafes, wenn sie verschiedene Typen von Schlägern ihr eigen nennen und immer genau wissen, wo diese sich auch befinden. Nachdem Freud ursprünglich diese absonderlichen Angewohnheiten auf die anatomischen Unterschiede zwischen den Geschlechtern zurückgeführt hatte, machte er jetzt die erstaunliche Entdeckung, daß in jedem der angesprochenen Fälle Bedeutung und Zweck dieser Obsessionen, wenn sie erst einmal in der Analyse aufgedeckt werden, gleich sind.

Die Obsession als solche ist ein Substitut für den Penis, gerade so, wie der Penis ein Symbol für den ersten eigenen Schläger ist, den wir in frühester Kindheit besaßen und der jetzt für immer dahin ist. Diese Überzeugung hat den mütterlichen Penis ersetzt, an dessen Existenz das Kind, das sich weigert zuzugeben, daß er nicht länger mehr vorhanden ist, einst geglaubt hat. Die Obsession stellt also ein Zeichen des Triumphs über die Kastrationsdrohung dar und dient gleichzeitig als Schutz gegen diese. Die Feststellung, daß der Hosenstall geschlossen ist, stellt eine rückversichernde Maßnahme dar, die beweist, daß alles am rechten Platz und die Welt in Ordnung ist. Das Opfer der Obsession fühlt sich in extremer Weise von Frauen bedroht, bewahrt sich aber vor der Gefahr, homosexuell zu werden, indem er Frauen mit den charakteristischen Merkmalen ausstattet, die ihnen Macht als Sexobjekte verleiht. Seine unbewußte Vorstellung, daß Frauen wirklich einen Penis besitzen, erfüllt sich in Verbindungen mit starken, aggressiven und beherrschenden Frauen, die einen guten ersten Aufschlag haben. Ein sicherer Hinweis auf solche Besessenen ist deren wiederkehrende Vorstellung, daß Frauen einen unerschöpflichen Vorrat von Bällen unter ihren Tennisblusen haben...

Das Geheimnis unter der Bluse, 1938

Sexuelle Aufklärung oder die schickliche Erziehung junger Mädchen

In den phallischen Phasen der weiblichen Sexualentwicklung ist die Klitoris die vorrangigste erogene Zone. Im Laufe der Jahre sollte sich aber ganz oder teilweise ihr Gefühlsempfinden und gleichzeitig die Wichtigkeit ihrer Bedeutung auf die Vagina übertragen. Die Eltern können unterstützend dabei behilflich sein, das junge Mädchen daran zu hindern, mit sich selbst zu spielen, indem sie ihm möglichst früh einen Tennisschläger

Freud hat das Problem kindlicher Tennistriebe niemals ganz gelöst. »Nur eines Messers Schneide liegt zwischen Übererregung und traumatischer Entbehrung«, schrieb er 1934. »Nur das Netz scheidet die Vernunft vom Wahnsinn.«

schenken und ihm den beidhändigen Griff beibringen.* Denken Sie daran: Müßige Finger sind Helfershelfer des Teufels. Der Besitz des Tennisschlägers in seiner Bedeutung als Ersatzpenis mildert das unvermeidbare Trauma, das aus der Wahrnehmung des Mädchens, im Gegensatz zu ihren Brüdern kastriert zu sein, herrührt. In diesem Stadium des Latenzalters gibt ein Mädchen die Identifikation mit der Mutter, die als minderwertiges Wesen gesehen wird, auf. Gleichzeitig verzichtet es auf die klitorale Masturbation, einen Ersatz für Tennis, und verlagert seinen Wunsch nach einem Penis-Baby auf den Vater. Ohne die glückliche Ablenkung und Sublimierungsmöglichkeit, die das Tennisinteresse bietet, ist der reibungslose Verlauf dieser Phase vielen Gefahren unterworfen (z.B. Homosexualität, Ausleben ödipaler Wünsche und Kastrationsängste).

Die weibliche Sexualentwicklung, 1938

*In seinem Artikel »Verdeckte Tennisperversionen« (1909) hatte Freud argumentiert, daß es keine sonderlich gute Idee sei, kleine Kinder zum Handschlag mit ihren Schlägern anzuhalten (»Ich stehe voll hinter der Erziehung unserer Kleinen, aber sie in diesem frühen Alter schon der Tennisunterwelt auszusetzen, wirkt korrumpierend und ist unverantwortlich.«).

Busen, Unterhosen und der kurze Flugball

Für großbusige Frauen ist die Vorhand angenehmer als die Rückhand. Besonders das langanhaltende Hin- und Herspielen ist anstrengend, wenn man buchstäblich solche Gebirge überwinden muß. Andererseits ist eine zu enge Unterhose die reinste Qual für einen Mann, weil er bei Bällen, die dicht am Netz zu spielen sind, die Knie nicht richtig beugen kann...

Folgen anatomischer Unterschiede zwischen den Geschlechtern, 1938

Über Rückhand und Alter

... Was mich betrifft, so fühle ich mich nicht länger in der Lage, Singles mit zufriedenstellender Begeisterung zu spielen. Ein Mantel von Gleichgültigkeit senkt sich langsam über mich, eine Tatsache, die ich ohne Klage konstatiere, da sie wohl mit einer entscheidenden Wendung in dem Konflikt zwischen den beiden von mir postulierten Trieben (Leben und Tod) verbunden sein muß. Oder könnte es sein, daß ich einfach Schwierigkeiten mit tiefgeschlagenen Eckbällen habe....

Brief an Lou Andreas Salomé, 1938

Hallentennis

Die Fortschritte auf dem Gebiet der Architektur, die es den Spielern ermöglichen, ihrem Sport auch während der Wintermonate zu obliegen, werden von einigen interessanten symbolischen Formgebungen begleitet. So ziehen die aufgeblasenen, ovalen, durchscheinenden Plastikzelte beispielsweise hauptsächlich solche Tennisspieler an, die überwiegend oralfixiert sind, mit einem deutlich wahrnehmbaren Widerstand, erwachsen zu werden. Diese Individuen tollen in ihrem riesigen embryonalen Sack herum, während die anderen draußen nützlicher Beschäftigung nachgehen. Ganz besonders Frauen, die da in modisch gestylter Tenniskleidung ihre Kapriolen vollführen, kreischen wie ein Mädchenpensionat und agieren wie eine Bande Halbstarker. Man fühlt sich unwohl, wenn man überlegt, daß das Erwachsene sind, die kleine schwarze Büchlein mit sich herumschleppen, in die sie ihre wöchentlichen Tennisverabredungen, die Priorität vor ihren rechtmäßigen Pflichten gegenüber ihren Kindern und Ehepartnern haben, eintragen. Kochen und Saubermachen sind verglichen mit Tennisstunden zweitrangig geworden. Ich bange um das Schicksal des modernen Mannes.

Das Schicksal des modernen Mannes, 1938

Zusammenfassende Schlußfolgerung

Ich hoffe, der Leser dieses Buches wird gebührend beeindruckt sein von Freuds fortdauernden Bemühungen um die zeitgerechte Anpassung der Sexualtheorien. Seine großartige These, Tennis als einen natürlichen Trieb zu sehen, dessen Unterdrükkung die Gesellschaft teuer zu stehen kommen kann, hat in unvergeßlicher Eindringlichkeit in viele seiner Werke Einzug gehalten. Obwohl seine Schriften in ihrer Art häufig recht sprunghaft und abschweifend sind, macht Freuds leidenschaftliches Interesse am Tennisunterbewußtsein sie doch auf angenehme Weise lesenswert. Es ist immer noch ein im besten Sinne anregendes Erlebnis, der Entwicklung von Freuds Gedanken, beginnend mit seinen frühen Ideen *(Das Netz ist hoch)* hin zu den Ausführungen seiner mittleren Jahre *(Abenteuer im Niemandsland)* bis zu seinen letzten Schriften *(Das geheimnisvolle Schicksal des hinterlistigen Aufschlags)* nachzuspüren.

Freuds außergewöhnlich weitsichtige Kritik der neurotischen Einschränkungen, die uns die moderne Zivilisation auferlegt, befreit uns glücklicherweise durch die Bereitstellung einer vielversprechenden Lösung von einer großen Last. »Wir müssen unsere Umgebung kontrollieren, indem wir ihre Entwicklung steuern und entscheiden, wann und wie Technologie eingesetzt werden sollte«, schrieb er 1938. »Tennisschläger und Menschen existieren nicht in zwei verschiedenen Welten, sondern an den beiden Enden des gleichen Gebildes. So wie der Mensch festgestellt hat, daß er ein Teil der Natur ist und nicht nur von ihr umgeben, so werden wir auch die tiefinnerliche Beziehung zu unseren Tennisschlägern entdecken. Sie sind wir und wir sind sie. Wenn wir in der Lage sind, diese grundlegende Tatsache wirklich zu begreifen, werden wir entdecken, daß der vergebliche Kampf, die Welt um uns herum zu kontrollieren, in Wirklichkeit der Versuch ist, uns selbst zu kontrollieren.«

[illegible]
durch den starken Beschaffenheit dieses Man[…]
[…]ienten von einer fernöstlichen Methode d[…]
[…]der Ratten auf das Gesäß gebunden
[…] hatte, entwickelte ein [illegible] [illegible]
[…]tes, wurde er von Freud geheilt. Um
entwarf, habe ich nach
dieser „Tennis-Spe[…]
der Tennisschläger[…]
Ratten-Verbindung[…]
einem neuen Na[…]
daß mein Patient[…]
wenn er den O[…]
sei so analistisch[…]
wahrscheinlich z[…]
mit dem Koitus[…]

[…]scher
[…]is-
[…]öger

Absurdität dieses Gedankens bewu[…]
[…]tionelle Hilfe gesucht. Als sich d[…]
[…]nt hatte, löste sich dieser sonderbare[…]
[…]ßte der Patient auf den Tennisspi[…]
[…]n masochistische sexuelle Zerem[…]
[…]se Form von Perversion kann[…]
[…]e. Und um seine morbide Libido

ANHANG

Als durchsickerte, daß ich ein Buch über Freuds geheime Tennistheorie zusammenstellte, nahmen verschiedene Angehörige der Mitglieder des ursprünglichen Mittwochszirkels privaten Kontakt mit mir auf. Im Interesse der Wissenschaft erlaubte man mir großzügig, Tagebücher und unveröffentlichte Briefwechsel zu durchforsten. Hier möchte ich für dieses Entgegenkommen, bis dahin unzugängliches Material zu nützen, insbesondere den nachfolgend aufgeführten Personen meinen Dank aussprechen: J. Herman, M. Romer, E. Shapiro, R. Mendelsohn, L. Bleuler, H. Deutsch, Sally Kovalchick und Lynn Strong. Persönliche Erinnerungen an Sigmund Freud, von denen einige nachstehend wiedergegeben werden, werfen ein neues Licht auf die menschlichen Aspekte dieser Chronik.

I. Anekdotisches Material

Gemischte Doppel.

Freud hat, um der Wahrheit endlich mal die Ehre zu geben, Frauen geliebt und hoch bewundert. Gemischte Doppel fand er allerdings so langweilig und ermüdend, daß er, wie man sagt, nur deshalb die gesamte Theorie des »Penisneids« erfunden hat, um sich eine Entschuldigung für seine diesbezügliche Zurückhaltung zu schaffen. »Frauen sollten mit Toleranz und Nachsicht behandelt und beurteilt werden, aber das ist noch lange kein Grund, mit ihnen spielen zu müssen«, gestand er Alfred Adler. »Sie haben eine eingeschränkte Fähigkeit, ihre Triebe zu sublimieren, neigen dazu, viel zu viel zu kreischen und können zu allem Überfluß nie auf ihrer Seite des Platzes bleiben.« Als Reaktion auf diese harsche Feststellung fragte ihn einst ein amerikanischer Gast, ob er ebenso empfinden würde, wenn beide Partner sich an Stärke ebenbürtig wären. »Das ist praktisch unmöglich«, war Freuds Antwort. »Es muß eine Ungleichheit geben, und da ist die Überlegenheit des Mannes das kleinere von zwei Übeln.«

Eine österreichische Tragödie.

Aus der Reihe der vielen Erklärungen, warum Freuds attraktive Tochter Anna nicht geheiratet hat, scheint die nachfolgende doch die plausibelste zu sein, daß nämlich ihre Bindung an den berühmten Vater zu stark war und sie es deshalb nie vermochte, ein eigenes Privatleben aufzubauen. Die ernstzunehmenden Hautausschläge, die jedes Jahr am Abend ihrer Teilnahme am Vater-Tochter-Tennisturnier in Innsbruck ausbrachen, enthüllen einige ihrer inneren Konflikte. Vielleicht hat Theodor Reik mit seiner nur spärlich verschleierten Anekdote den Nagel auf den Kopf getroffen. Darin erzählt er von einem jungen Mädchen, das seiner Mutter klagend gesteht: »Du hast Glück gehabt. Du hast Vati bekommen, und ich muß einen Fremden heiraten.«

Sigmund Freuds geheimer Wunschtraum.

Nach Aussage derer, die ihn am besten kannten, liebte es Freud, folgende Begebenheit von sich zu erzählen. Da seine Rückhand recht schwach war, hatte er eine Technik entwickelt, den Schläger mit der linken Hand zu übernehmen – eine Praktik, die sich erfolgreich bewährte, besonders bei Lobs, die genau auf die Grundlinie zielten.* Eines Tages wurde ein Mitglied von Freuds Tennisclub, ein Herr Mendel, gefragt, ob er Professor Freud kenne.

»Professor Freud?« wiederholte Mendel. »Wer soll denn das sein?«

Man erklärte Mendel, daß Freud der weltberühmte Begründer der Schule zum Verständnis des menschlichen Unterbewußtseins sei und außerdem Professor für klinische Medizin an der Universität.

»Das ist aber eigenartig«, antwortete Mendel. »Mein Schwiegersohn ist Professor für Anthropologie an der hiesigen Universität, und ich kenne eigentlich alle Professoren, habe aber noch nie was von einem Professor Freud gehört. Aber warten Sie mal, irgendwie kommt mir der Name doch bekannt vor... ist das nicht der Kerl mit dem Bart, der die Lobs beidhändig schlägt?«

Nachdem man ihm diese Geschichte erzählt hatte, kommentierte Freud ein wenig schief-verlegen: »Da sehen Sie es. Ein Prophet gilt niemals etwas im eigenen Vaterland.« Dennoch, verborgen unter all den Witzeleien, gestand Freud, daß er

*Freud hatte diese Wechselschlagtechnik gelernt, indem er seinem Vater nacheiferte, der Fliegen belauerte und sie entweder im An- oder Abflug erwischte. Nichtsdestoweniger waren sein überragendes Können beim Lob und seine Beidhändigkeit herausragende Züge einer Angelegenheit, die ansonsten lediglich ein mittelmäßiges Spiel bedeutet hätte.

gerne seine ganze Berühmtheit gegen die Tatsache, so fit zu sein, um das Wiener Tennisdoppelturnier zu gewinnen, eintauschen würde.

Integration auf dem Platz.

Lange glaubte Freud, daß die Psychoanalyse untergehen könnte, weil sie als »jüdische« Wissenschaft in die Geschichte eingehen würde. Diese Idee war ihm verhaßt, aber er wußte nicht, was er dagegen unternehmen sollte, da die meisten der an seiner Wissenschaft interessierten Personen ebenfalls Juden waren. Als aber Freud seine Tennistrieblehre entwickelte, waren seine Sorgen endgültig überflüssig. Die glückliche Verbindung der jüdischen Psychoanalyse mit einem traditionellen angelsächsischen Sport schuf für Freuds Theorie eine gewisse paradoxe Legitimation. Seine Bedenken verminderten sich durch den Begeisterungstaumel, der die Erfindung des »farbigen« Tennisballes begleitete, noch weiter. Die Einführung farbiger Bälle in eine rundum weiße Klubwelt erzeugte einen solchen Tumult, daß sich bloßer Antisemitismus demgegenüber nur noch als Bagatelle ausnahm. Insbesondere der Gebrauch von gelben Bällen (»Die gelbe Gefahr«, wie es in jenen Tagen hieß) bedeutete den Verlust des letzten Strohhalms, an den sich noch irgendwelche naiven viktorianischen Vorstellungen, daß Tennis nur ein Spiel sei, geklammert hatten. Oder wie Freud es formulierte: »Es ist eine Sache, die über den Glauben hinausgeht.«

Ihre Stunde ist um.

Freud legte seine Analysestunden so, daß sich zwischen den einzelnen Sitzungen eine fünfminutige Pause ergab. Während der neue Patient das Wartezimmer betrat, verließ der vorhergehende die Praxis durch den Privateingang. Im Hinblick auf die Vertraulichkeit handelte Freud wie eine Art Verkehrspolizist, immer darauf bedacht, daß die zwei sich nicht trafen, und war insofern völlig bestürzt durch die eigenartigen Gepflogenheiten des Platzwechsels beim Tennis.

Nicht lange nachdem Freud begonnen hatte, sich der Tennispsychologie zu widmen, vermerkte er das dort herrschende Sozialverhalten beim Platzwechsel. Wenn die Zeit für die eine Gruppe um war und die nachfolgende ankam, so wurde dieser Übergang in Formen verschiedenster Art gehandhabt, die alle einen unterschiedlichen Aspekt des Unterbewußtseins reflektierten. Analfixierte Gruppen bettelten manchmal um ein bißchen mehr Zeit (»nur noch ein paar Punkte«), während die paranoide Gruppe einfach vor sich hinstarrte, um dann abschließend festzustellen: »Sie stehen auf unserem Platz.« Die zwanghafte Gruppe dagegen begann zu feilschen (nach dem Motto: »Es ist aber doch noch nicht genau vier Uhr.«), während die psychopathische Gruppe behauptete: »*Ihre* Uhr geht falsch.« Nur die passiv-aggressive Gruppe verließ unaufgefordert den Platz, aber legte dann für zehn Minuten jede Aktion durch liebenswürdiges Geplaudere und langsames Zusammensuchen der verschiedenen Ausrüstungsgegenstände lahm, während sie vom Platz schlenderte.

Freud bemerkte schnell, daß seine Beschäftigung mit diesen Vorkommnissen eine Abwehrreaktion gegen seine eigene Ungeschicklichkeit in der bemühten Abfolgegestaltung des korrekten Übergangs von einem Patienten zum nächsten darstellte. Er erkannte, daß ihn seine formelle Erziehung auf gesellschaftliche Situationen, die einen Scherz oder eine gewisse Unbefangenheit und Zwanglosigkeit erforderten, wie das beim »Platzwechsel« üblich war, nicht vorbereitet hatte. Eines Tages stellte er fest, daß sein oberflächlich als Schüchternheit erkanntes Verhalten tiefere Wurzeln hatte. »Daß ich die Drei-Uhr-Gruppe beende, nur um weitermachen zu können, ist meiner sexuellen Ungeduld vergleichbar«, schrieb er in seinen *Autobiographischen Notizen* (1938). »Ich fühle mich dermaßen schuldig durch meine selbstsüchtige Schikane, daß ich mich gegen sie, wie ich glaube, dadurch schütze, mich wie ein Märtyrer zu gebärden. Beim Tennis dagegen erwarte ich wie ein Gentleman neben den Linien den Bescheid der nachfolgenden

Spieler und bin schon verschwunden. Ich muß mich wirklich wundern, wie umfassend meine albernen Hemmungen doch sind.«

Diese Einsichten zeigten Freud, wie machtvoll die Gefühle waren, die er mit auf den Tennisplatz brachte. Schon bald entwickelte er ein neues, aggressives Auftreten und Verhalten, das sehr viel positivere Ergebnisse erbrachte. Beim Tennis ging er jetzt nach Ablauf der festgesetzten Zeit zum Netzpfosten, drehte die Kurbel und ließ das Netz auf den Boden herunter. Für diejenigen, die nicht gleich begriffen, was da vor sich ging, stellte er seine Absichten dadurch verstärkt zur Schau, daß er sich mit verschränkten Armen provokativ an der Aufschlagslinie postierte. In sexueller Hinsicht übte er für die nächsten dreißig Jahre Enthaltsamkeit und erging sich in Phantasien über seine Schwägerin, die praktisch nur über dem Flur wohnte.

II. Chronologische Auflistung der Schriften zur Tennisanalyse von Sigmund Freund

Das unbewußte Bedürfnis, zu verlieren (1896)
Es war nicht die Lampe, an der Aladin rieb (1897)
Tennisgeheimnisse (1897)
Der Großkopfschläger: Symbol und Symptom (1899)
Sex als Sackgasse (1902)
Der Untergang des Ödipuskomplexes (1905)
Liebe ist kein Ausgangspunkt (1903)
Tennistraumdeutung (1905)
Einführungsvorlesungen in die Tennispsychoanalyse (1906)
Der autoerotische Aspekt bei Einzelspielen (1907)
Das herannahende Nirwana: Zwei Stunden Tennis und eine gute Zigarre (1908)
Das Ende des Killerinstinkts (1908)
Das Netz ist hoch (1908)
Verdeckte Tennisperversionen (1909)
Der moralische Niedergang unserer Zeit (1909)
Mein Königreich, der Aschenplatz (1909)
Masturbation und Westerngriff (1910)
Hart oder weich? (1910)
Sexuelle Perversionen und die beidhändige Rückhand (1910)
Die Agonie des Fehlschlags und die Ekstase der Niederlage (1911)
Der innere Feind (1912)
Penisneid und Großkopfschläger (1912)
Das primitive Tabu des Fußfehlers (1912)
Unübliche Aufwärmübungen (1912)
Fleischliche Lust und der unerreichbare Stoppball (1913)
Projektstudie für die wissenschaftliche Erforschung von Tennis (1914)

Widerstand gegen den Lob (1914)
Ein Kind wird verspeist (1916)
Das Rätsel des Matzeballs (1916)
Gedanken zu unserer Zeit an einem regnerischen Nachmittag im Mai (1916)
Abenteuer im Niemandsland (1917)
Fellatio und kurzer Volley (1923)
Die Psychopathologie des gemischten Doppels (1923)
Der Court ist meine Couch (1924)
Merkwürdige Tennissymptome (1924)
Der Mythos vom »Sweet spot« (1925)
Tennistraumdeutung (1925)
Über die Sexualvorstellungen von Kindern (1927)
Beginne jeden Tag mit einem Lächeln (1929)
Ausführungen zur Tennismetapsychologie (1930)
Der ambivalente Charakter (1931)
Inzest ist eine Familienangelegenheit (1931)
Der Fußfehler (1932)
Die traumatischen Ursprünge des Elektrakomplexes (1932)
Schnee auf dem Tennisplatz oder die seelische Angst vor Schuppen (1933)
Fusselbälle und Schambehaarung (1933)
Das McHenry-Syndrom (1933)
Assoziationen eines vierjährigen Kindes (1934)
Zivilisierte Tennismoral und moderne Nervosität (1934)
Freude an den eigenen Fehlschlägen: Die Kraft des negativen Denkens (1934)
Der Ursprung des Heimlichen Manövers im Tennis (1934)
Das geheime Selbst (1934)
Der Körper als narzißtisches Instrument (1935)
Zwanghaftes Tennisverhalten (1935)
Die dunkle Seite der menschlichen Psyche (1935)
Der Alptraum des abgesagten Tennisspiels: Eine Studie über Fettleibigkeit, Perversion und Selbstmord (1935)
Die symbolische Suche nach der verlorenen Mutterbrust (1935)
Der Übergang von Sexualität zu Tennis (1935)
Der Kodex des Unterbewußten (1935)

Psychologische Kriegführung zwischen den weißen Linien (1936)
Tennisschmach und analer Charakter (1936)
Fehlleistungen bei Wettbewerbssituationen (1937)
Tennis als Hilfsmittel zur Bestimmung von Charaktertypen (1937)
Liebe zum unbelebten Objekt (1937)
Die prähistorische Natur des Menschen (1937)
Elternmord und selbstverschuldete Niederlagen (1937)
Der Wunsch nach Regression (1937)
Autobiographische Notizen (1938)
Folgen anatomischer Unterschiede zwischen den Geschlechtern (1938)
Das Schicksal des modernen Mannes (1938)
Die weibliche Sexualentwicklung (1938)
Das geheimnisvolle Schicksal des heimlichen Aufschlags (1938)
Das Mysterium unter der Bluse (1938)
Die Reichweite sollte die Auffassungsgabe nicht überschreiten (1938)

Humor **Knaur®**

Taschenbücher

Band 2160
96 Seiten
ISBN 3-426-02160-9

- Wurde Ihre dreijährige Tochter kürzlich zur Musterung vorgeladen?
- Bekommt Ihre Großmutter regelmäßig Post von einer Sex-Boutique?
- Oder sollte sich Ihr Hund schon mal als Schöffe zur Verfügung halten?

Wenn Sie solche oder ähnliche Erlebnisse hatten – schuld an dem ganzen Ärger war immer ein Computer!
Am Arbeitsplatz haben sich die elektronischen Ungeheuer längst breitgemacht. Und jetzt sind die Mikrochips dabei, auch unsere letzten Freiräume zu erobern: die bundesdeutschen Wohnzimmer! Bei Hunderttausenden piepst es bereits, und das Computer-Fieber greift weiter um sich.

Humor

Knaur Taschenbücher

Band 2136
96 Seiten
ISBN 3-426-02136-6

Alles, was Sie für Ihren zweiten, dritten, vierten ... Frühling unbedingt wissen sollten, finden Sie in diesem zwerchfellerschütternden Aufklärungsbuch.